만화로
보는
차트
분석

• 한국 저작권사 일러두기

본 도서는 번역서의 느낌을 줄이기 위해 다양한 수정을 거쳤습니다. 다만, 제본 방식의 차이로 인해 만화 내부의 텍스트를 정확히 읽기 위해서는 오른쪽에서 왼쪽으로 읽어야 함을 알립니다.

• 일본 저작권사 일러두기

이 책에서 소개하는 모든 데이터와 정보는 특별한 표시가 없는 한 2021년 2월 5일을 기준 시점으로 삼았다. 이 책은 투자에 도움이 되는 정보를 기재하고 있지만, 의사 결정이나 투자의 최종 판단은 독자 자신의 책임임을 명심해야 한다. 투자나 자산 운용에서 손해가 발생했을 시 주식회사 후소샤와 필자는 그 손해에 대해 일절 책임지지 않는다. 또 책의 내용을 정확히 기재하기 위해 최선의 노력을 다하였으나 2021년 2월 5일 이후 시장과 금융 상황의 급격한 변동은 반영되지 않는다는 점은 양해 바란다.

세상 쉬운
차트 분석 방법

만화로 보는
차트 분석

후쿠시마 타다시 지음 | 문세라 번역

VegaBooks

여는 말

"기술적 분석으로 만드는 차이"

    이 책을 쓰고 있는 2021년 2월 미국 주가지수가 사상 최고치를 경신했고 닛케이 평균 주가도 버블 붕괴 후 최고치를 기록했다. 대표적인 가상화폐인 비트코인도 연일 사상 최고치를 경신하고 있다. 내가 재직 중인 모넥스 증권에서도 미국과 일본 주식 그리고 암호화폐 CFD(차액 결제 거래) 등에 새로운 고객들이 연이어 뛰어드는 모습을 쉽게 볼 수 있다.

    하지만 프로 투자자들이 득실대는 이런 시장에서 개인투자자가 승리하려면 기초적인 지식과 기술은 필요하다. 이때 가장 믿음직한 수단이 기술적 분석(차트 분석)이다. 나도 지금은 인터넷 증권사에 근무하고 있으니 투자할 수 있는 금융상품이나 매매 타이밍을 분석할 시간이 제한적이지만, 과거에는 아무 생각 없이 주식을 매수했다가 많은 실패를 맛봤다.

 2000년 IT 버블이 터졌을 때 회사 선배가 권유한 주식을 매수한 것이 나의 첫 주식 투자였다. 잘 알지도 못하면서 단순히 주가가 내려갔으니 기회라고 생각해 어느 종목을 1,000주나 매수했고 그것이 지옥의 시작이었다. 마치 나의 매수를 기다리고 있었던 것처럼 해당 종목의 주가는 엄청난 기세로 하락하기 시작했다. 손절매할 용기도 없어 초조한 심정으로 며칠이고 폭락하는 주가를 지켜보기만 했다. 다음 날 장이 신경 쓰여서 수면 부족이 된 것도 그때쯤이다. 사고 싶던 다른 주식들도 매수해봤지만 모두 차례로 하락했다. 처음에는 중장기 투자를 생각했지만, 어느새 짧게는 며칠, 길어도 몇 주 만에 단판을 보는 스윙 트레이드 식으로 투자 스타일도 변했다. 그러다 결국 매매가 빈번해지면서 하루 안에 결판을 보는 데이 트레이딩을 시작하게 되었다. 하지만 아무리 해도 이익은 나지 않았다.

 그냥저냥 차트를 보고는 있었지만 그 시절의 나는 그저 '감'으로만 거래했던 것 같다. 그래서 나는 마지막 기회라고 다짐하며 누적 손실의 회복을 포기하면서까지 차트와 기술적 분석에 매달렸다. 학교 공부와는 비교가 안 될 정도로 정열을 쏟았다. 피 같은 돈이 걸려 있지 않은가! 그러자 서서히 매수 지점과 매도 지점이 맞아떨어지고 승률도 좋아졌다. 그 뒤 큰 상승 추세를 잡게 되면서 과거 손실을 모두 극복하고 큰 이득도 볼 수 있었다.

주식 투자에는 기술적 분석과 기본적 분석이라는 두 가지 수법이 있다. 그중 기업의 장래성이나 실적 등을 토대로 하는 기본적 분석은 증권회사의 분석전문가를 개인투자자가 이길 방법이 없다. 하지만 차트를 활용한 기술적 분석에서는 개인투자자도 전문가 못지않게 정보를 얻을 수 있다. 그리고 지금은 인터넷 증권사가 제공하는 도구들을 통해 누구나 간단하게 기술적 분석이 가능하다. 뛰어난 실력의 분석전문가가 재빠르게 손에 넣은 정보가 어떻게 주가에 영향을 주는지까지도 모두 과거의 차트에 반영되어 있다.

주식, FX(외환 거래) 등으로 뼈아픈 경험을 한 투자자나 이제 투자를 시작하려는 사람이라면, 기술적 분석을 아느냐 모르느냐에 따라 앞으로 틀림없이 큰 차이가 생길 것이다. 어렵게 생각할 필요는 없다. 꼭 필요한 몇 가지 패턴을 익히고 서서히 분석의 폭을 넓혀 가면 된다. 많은 기술적 분석을 종목 하나에 대입하고 검증해나가다 보면 어떤 기술적 분석이 해당 종목에 적합한지나 종목의 특성도 서서히 알게 될 것이다.

이 책에서 소개하는 기술적 지표와 차트 패턴은 국내 주식, 외국 주식, FX, 암호화폐 등 모든 거래 상품에 유용하게 활용할 수 있다. 또 기술적 지표와 차트 패턴은 우리의 삶에 딱 들어맞기도 한다. 이 책에서는 그 이미지를 잘 전달하기 위해 각 장 앞에 만화를 넣어 이해를 돕고자 했다.

기술적 지표와 차트 패턴을 익혀서 이기는 투자자, 지지 않는 투자자를 목표로 삼자.

2021년 2월 어느 좋은 날에

후쿠시마 타다시

Contents

여는 말 | 기술적 분석으로 만드는 차이

01 과거의 고점과 저점

- 과거로부터 배우는 기술적 분석 ········· 21
- 상승세의 신호: 과거의 고점 돌파 ········· 23
- 연중 최고점을 넘어서면 그 다음은? ········· 29

02 봉

- 봉 분석, 기술적 분석의 첫걸음 ········· 39
- 양봉과 음봉, 몸통과 꼬리 ········· 42
- 봉의 기본적인 세 가지 패턴 ········· 46
- 아홉 가지 봉 형태 ········· 51
- 기본을 익힌 후의 활용법 ········· 58

03 추세선

- 인생은 예측불허 ·· 67
- 기술적 분석의 핵심, 추세선 ·· 70
- 저항선으로 파악하는 추세 전환 지점 ····································· 74
- 상승? 하락? 예측 불가인 삼각수렴 ·· 77
- 추세선, 누구나 그릴 수 있다 ·· 79

04 차트 패턴

- 흐름을 보면 미래 동향이 보인다 ·· 87
- 이중 천장형&이중 바닥형은 추세 전환의 신호 ····················· 89
- 신뢰도 높은 머리어깨형 ··· 93
- 가격이 크게 요동치는 삼각수렴 ··· 98
- 꼭짓점을 찍었을 때 진입하라 ·· 100
- 투자 유형별 차트 기간 ·· 104

Contents

05 이동평균선

- 추세 분석의 대표적 도구 — 113
- 단순이동평균선 — 116
- 중요한 건 기간 설정 — 119
- 기본 활용법 ① 이동평균선 방향과 봉의 위치 — 122
- 기본 활용법 ② 골든크로스와 데드크로스 — 126
- 그랜빌의 법칙—여덟 가지 매매 포인트 — 129
- 추세를 읽어내는 힘 — 133

06 MACD

- 기술적 분석으로 추세 전환을 파악하자 — 141
- 직전 움직임의 민감한 포착 — 144
- 히스토그램의 0지점 — 148
- 주가와 지표가 반대로 움직이는 다이버전스 — 151
- 이동평균선보다 빠른 골든크로스 — 153
- 각 종목에 가장 적합한 기술적 지표 — 156

07 볼린저 밴드

- 밴드로 판단하는 시장의 추세와 강약 ———————————— 165
- ±2σ를 넘는 주가는 비정상 ———————————————— 167
- 주가 추세를 따르는 추세추종형 ——————————————— 170
- 시세의 일시적 하락을 노리는 밴드워크 활용 ————————— 173
- 박스권은 과대 등락을 노린 역추세추종 투자 ————————— 175
- ±3σ까지 표시하면 승률이 높아진다 ————————————— 177
- 역추세추종 활용 시 주의할 점 ——————————————— 180

08 일목균형표

- 일목균형표란? ——————————————————————— 187
- 시간론, 파동론, 가격론 —————————————————— 189
- 다섯 개의 선과 봉으로 분석하는 일목균형표 ————————— 193
- 일목균형표의 특징, 구름대 ————————————————— 197
- 세 가지 기본 활용법 ———————————————————— 200
- 강력한 거래 신호, 삼역호전과 삼역역전 ——————————— 204

Contents

09 RSI

- 과열에 팔고, 과매도에 산다 — 213
- 과매도와 과매수, 어떻게 판단할까? — 215
- 역추세추종 투자를 위한 지표 — 217
- 다이버전스 출현은 투자의 기회 — 219
- 상승장일 때 속임수에 주의하라 — 221
- 두 가지 지표에서 동시에 신호가 발생한다면 — 223
- 매매 신호가 되는 스토캐스틱 — 226
- 스토캐스틱의 골든크로스, 데드크로스 — 228
- 여러 지표를 함께 사용하자 — 230
- 완벽한 기술적 지표는 없다 — 232

10 피보나치

- 지지·저항선을 찾는 색다른 방법 — 241
- 피보나치 수열과 황금비의 관계 — 243
- 피보나치 되돌림 활용법 — 245
- 기술적 분석은 끝이 없다 — 248

PART
1
⋮

과거의 고점과 저점

인생에는 행복하거나 불행한 순간이 있다.
주식에서 그런 순간을 나타내는 것은
차트의 고점과 저점이다

Part 1 과거의 고점과 저점

과거로부터 배우는
기술적 분석

주식과 FX 그리고 가상화폐 등 자본 이익(시세 변화에 따른 이익)을 노리는 금융 상품에 투자할 때 사용하는 분석 방법에는 크게 두 가지가 있다. 하나는 기본적 분석으로 주식 투자 전에 기업의 잠재적인 이익률이나 성장률 등을 예측해 투자하는 방법이다. FX 거래에서는 각 나라의 역학 관계나 정책 등에서 장래의 통화 추세를 예상하는 식이다. 다른 하나는 이제부터 자세히 알아보게 될 기술적 분석이다. 기술적 분석은 차트 등의 도구를 사용하거나 과거의 주가 움직임을 참고해서 경험으로 정리된 패턴에 따라 투자한다.

미신처럼 들릴지 몰라도, 주식 같은 금융 상품 시장에서 시세는 반복된다는 원칙이 있다. 과거의 움직임을 기록하는 차트에는 투자자의 심리는 물론 기본적 분석의 요소들도 포함되어 있다.

만화에서 미연이 '어리석은 자는 경험에서 배우고 현명한 자는 역사에서 배운다'라고 했는데 그 말에는 틀린 것이 없다. 어느 아이에게 불은 위험하니 가까이 가선 안 된다고 가르쳤다고 하자. 똑똑한 아이라면 이후에 불에 가까이 가지 않겠지만 개중에는 실제로 불에 데어야만 위험하다는 사실을 기억하는 아이도 있을 것이다. 실제 투자에서는 실패해서 손실을 낸 후에 배우는 것이 아니라 과거의 경험이자 시세의 역사라 할 수 있는 차트를 분석해 손실을 회피하고 이익을 추구해야 한다.

POINT!
앞선 사람들의 실패를 굳이 반복할 필요는 없다. 기술적 분석으로 쓸데없는 실패는 되도록 피하고 성공 예시를 따라 하자.

상승세의 신호:
과거의 고점 돌파

-
-
-

기술적 분석의 기본이라고 할 수 있는 과거의 고점과 저점에 대해 생각해보자. 인생도 좋은 시절과 불운한 시절을 오가는 흐름이 있다. 이 흐름이 과거의 시세 변동을 나타내는 차트가 된다. 복권에 당첨되어서 어느 날 갑자기 인생의 정점을 찍으며 부자가 되는 경우는 너무 극단적인 예이므로 제외하도록 하겠다.

회사원이라면 신입 사원부터 시작해서 주임, 과장, 부장처럼 단계를 밟아 승진할 것이고, 임원이 된다면 노력해서 더 높은 직책을 목표로 하리라 예상할 수 있다. 주가도 이와 똑같다. 주식 투자에서는 과거의 고점을 넘어서면 상승세를 쉽게 타게 된다. 이유는 여러 가지로 추측할 수 있지만 그중 하나를 꼽자면 고점 경신으로 투자자 전원이 이익을 보면서 행복해지기 때문이 아닐까.

이런 상태에서는 주가가 더 오를지도 모른다고 생각하는 사람이 많아지면서 사는 사람이 늘고 파는 사람이 적어진다. 주식 투자는 인기투표다. 고로 이럴 때 주가는 더 상승하게 된다. 물론 기술적 분석에서는 그 이유를 깊이 생각할 필요는 없다. 패턴과 결과의 공식만 기억하면 된다. 한 번 고점을 넘어선 주가는 더 상승한다는 점만은 기억하기를 바란다.

POINT!

과거의 고점을 넘어서면 상승세가 더해져 더욱 가격이 오른다. 고점을 넘어서면 주가가 더 상승한다는 점을 기억하자

🔍 고점 경신으로 상승세 가속

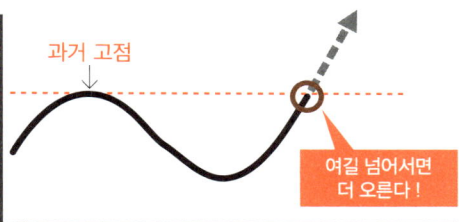

○ 과거의 고점을 경신하면 상승세가 강해져 주가가 더 오를 가능성이 커진다. 하지만 과거의 고점이 투자자의 심리적 저항선이 되기 때문에 주가가 고점에 근접하면 일시적으로 상승세가 느려지기도 한다.

🔍 저점이 깨지면 하락세 가속

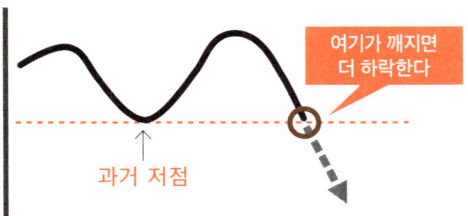

○ 과거의 저점이 깨지면 하락세가 강해져 주가가 더 내려갈 가능성이 커진다. 그러나 과거의 저점이 투자자의 심리적인 지지선이 되기 때문에 주가가 저점에 접근하면 하락세가 둔해지거나 반발로 주가가 오르기도 한다.

과거의 저점을 돌파해버렸을 경우는 어떨까? 마치 불운이 불운을 부르듯 말이다. 물론 아침이 오지 않는 밤은 없다는 말이 있듯 떨어질 만큼 떨어지면 언젠가 반등할 수도 있겠지만, 하락세를 보이는 종목에 일부러 접근하는 사람도 드물 것이다.

주가도 마찬가지여서 저점이 뚫리면 손을 털어야겠다고 생각하는 사람이 늘어나 결과적으로 대량의 매도가 일어난다. 그래서 가치가 더 떨어질 가능성이 커진다. 그러니 잘나가는 종목에 집중하고 하락세인 종목은 접근하지 않도록 하자.

추세순응형 기본

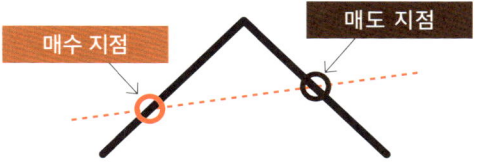

○ 추세순응형은 상승, 하락 추세에 순응하는 투자 수법이다. 본문에서도 말한 것처럼 주가가 고점을 돌파했을 때 진입한다. 주가가 하락할 때 매도로 돌아서야 한다.

역추세순응형 기본

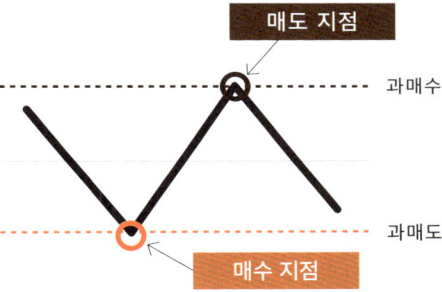

○ 역추세순응형은 주가가 내려갈 때 사서 오를 때 파는 추세에 역행하는 투자 수법이다. 감에 의존해서 진입하는 것이 아니라 기술적 분석 등으로 매도와 매수 지점을 찾아야 한다.

개인투자자들은 역추세순응형을 좋아하는 경향이 있다. 이는 주가가 내려가는 종목을 사고 오르는 종목은 파는 방법이다. 이해는 간다. 어제까지 싸던 종목이 오늘 가격이 오른다면 선뜻 손대기 쉽지 않다. 반대로 어제보다 더 값이 내린 종목은 사야겠다는 마음이 들 수도 있다. 하지만 이런 사고방식은 대단히 위험하다. 하락 중인 주식을 매수한다는 것은 떨어지는 칼날을 맨손으로 잡는 위험한 행동과 다른 바 없다.

주가의 흐름을 역행하는 것보다는 추세에 순응하는 것이 기본.

연중 최고점을 넘어서면
그 다음은?

인생도 그렇지만 주가도 장기적 시점과 단기적 시점은 달라야 한다. 앞에서는 과거 고점과 저점을 예로 들었다. 하지만 더 짧은 시간을 기준으로 생각해야 할 때도 있다. 만약 인생의 고점은 5년 전이었지만 바로 지금 올해 최고의 고점을 맞고 있다고 해보자.

주가가 사상 최고점까지 도달하지 못하더라도 연중 최고점을 넘어섰다면 상승세는 쉽게 붙는다. 사상 최고점과 연중 최고점은 많은 투자자가 주목하는 포인트다. 최고점을 경신하면 매도자와 매수자의 역학 관계가 움직이고 주식 수급이 좋아지면서 상승세가 추가로 올라오게 되는 것이다. 저점도 마찬가지로 움직인다.

연중 최고점을 넘어서 사상 최고점에 접근한 경우를 생각해보자. 상승세가 붙은 주가도 사상 최고점에 접근하면 고점 근처에서 매수한 투자자들이 매도 기회를 노리면서 상승 속도가 느려지는 것이 일반적이다. 하지만 이마저 뛰어넘어 사상 최고점을 경신한다면 상승 속도가 더욱 빨라지면서 계속 기세를 이어 나가게 되리라 예측할 수 있다.

사상 최고점, 연중 최고점은 많은 투자자가 주목하는 포인트이므로 주의해서 확인해야 한다.

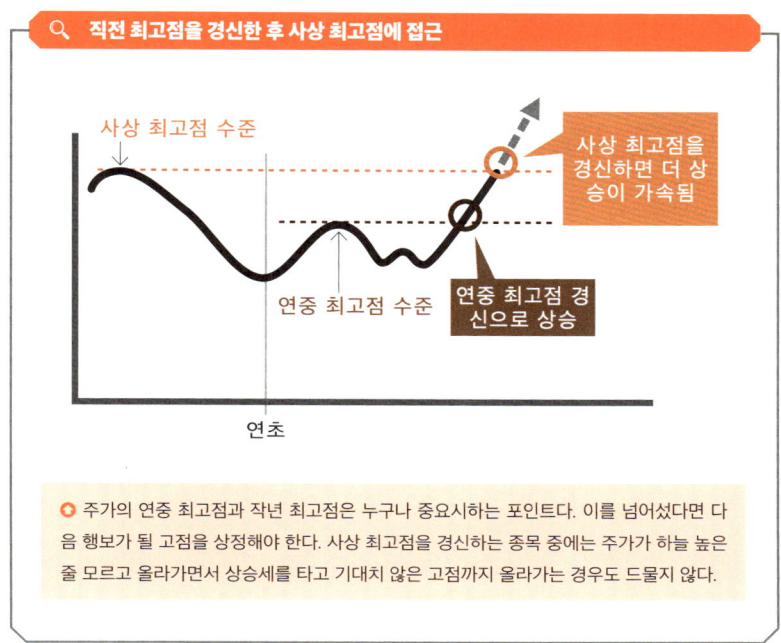

기술적 분석에도 여러 종류가 있다. 주가는 한 번 움직이기 시작하면 일정 방향으로 움직이려는 습성을 보인다. 시장의 전체적인 방향성(추세)을 파악하기 위한 추세형 분석과 과매도와 과매수 지점을 알려주는 오실레이터(Oscillator)형 분석이 대표적인 기술적 분석 방법이다.

꼭 기억해야 할 점이 있다면 기술적 분석을 활용한 투자에서는 가능한 한 자신의 추측을 반영하지 않고 과거의 경험에 근거한 투자를 해야 한다는 점이다. 아무 근거도 없이 내 감이나 상상만으로 주가 추이를 예측한다면 아주 위험해질 수 있다. 본전을 생각해 이 선까지 올라야 이익을 남긴다는 식으로 생각하기 쉽다. 하지만 시장은 당신이 얼마에 샀는지 신경 쓰지 않는다. 추세형 분석과 오실레이터형 분석 등을 토대로 가능한 한 기계적으로 투자해야 한다.

기술적 분석은 과거에 수많은 투자자가 실패를 반복해가며 쌓아 올린 경험에 근거한 비법 같은 것이다. 기술적 분석의 활용은 '어리석은 자는 경험에서 배우고 현명한 자는 역사에서 배우는 법'이라는 말에 딱 들어맞는다.

POINT!
기술적 분석을 토대로 자신의 예상이나 바람 등을 배제하고 가능한 한 기계적으로 매매하는 것이 중요하다.

🔍 주요 기술적 지표 일람

추세형 분석

시장의 전체적인 방향성을 파악하기 위한 추세순응형 기술적 지표

- 이동평균선(MA)
- MACD
- 볼린저 밴드
- 일목균형표
- DMI
- 피벗
- 파라볼릭
- 엔빌로프
- 회귀추세

오실레이터형 분석

현재 추세의 강도, 과열 상태 등 변화의 크기와 징조를 감지할 때 활용한다.

- RSI
- 스토캐스틱
- 투자심리선
- 이동평균선 괴리율
- RCI
- 모멘텀

패턴 분석

특징적인 시세 추이 패턴에서 이후 주가 동향을 예상하는 분석 방법이다.

- 이중 천장형 & 이중 바닥형
- 머리어깨형
- 삼각수렴
- 원형 천장형 & 원형 바닥형

봉 분석

봉을 이용한 일반적인 분석 방법이다.

- 봉 분석
- 봉 차트 분석
- 사케다 5법

기타 분석

시장 매매량과 거래량 그 자체, 혹은 그것들과 주가 변화를 조합한 분석이나 그 외 독특한 기술적 지표 등이 이에 해당한다.

- 거래량 이동평균선
- 피보나치
- 역사적 변동성

Part 1 과거의 고점과 저점

PART

2

봉

일상 속에서 우리의 기분은 위아래로 움직인다.
이처럼 하루 동안 주가의 움직임을 나타내는 것이
바로 봉이다.
단 하나의 봉이라도 담고 있는 정보는 가득하다.

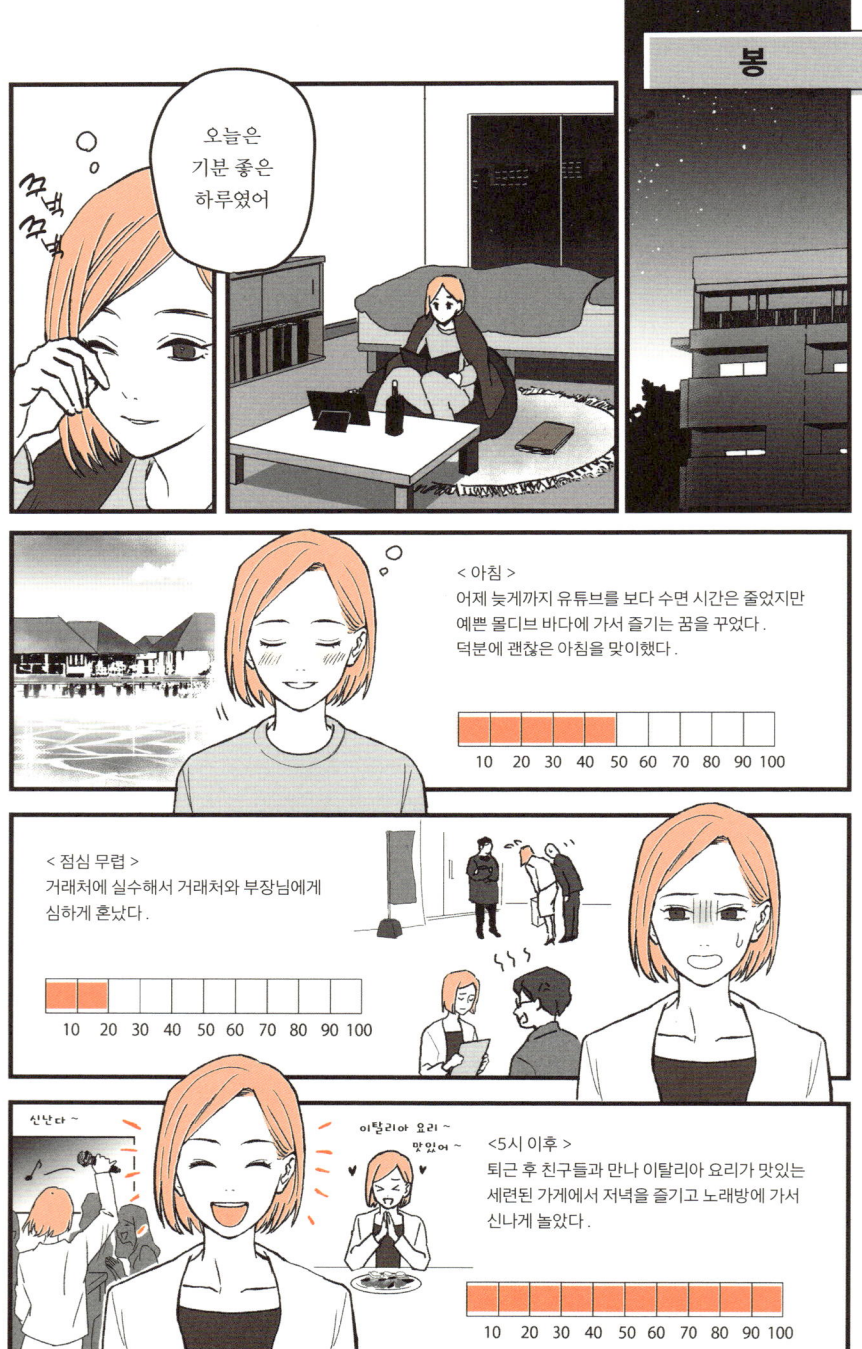

< 취침 전 >
기분 좋게 술기운도 돌아서 몽글몽글한 기분으로 오늘도 유튜브로 마무리.

| 10 | 20 | 30 | 40 | 50 | 60 | 70 | 80 | 90 | 100 |

딸깍 off

오늘 나쁜일도 있었지만 하루 마지막에 돌이켜보니 전체적으로는 즐거웠어.

아래와 같은 형태를 봉이라 한다.

오늘하루는 이런느낌일까?

봉이란?

투자에 사용하는 차트 중 가장 일반적인 것은 봉 차트다. 감정에도 기복이 있듯 봉 형태도 시장 상황에 따라 제각각 다르게 나타난다. 봉에서 주식과 FX 등의 기분을 읽을 수 있게 되자.

Part 2 봉

봉 분석,
기술적 분석의 첫걸음

-
-
-

원통형으로 만든 밀랍에 꼰 실을 심으로 삼아 만드는 양초는 그리스·로마 시대부터 존재했다. 현대에도 양초는 생일이나 크리스마스 케이크의 장식처럼 축하할 일이나 재해가 생겼을 때 등불로 널리 이용되며, 디지털 사회가 돼도 사람들의 생활을 밝혀주는 도구로 역할을 다하고 있다. 양초의 모양과 불을 밝히기 위해 생긴 길이 변화를 주가가 변하는 모습에 빗대어 표현한 것이 바로 봉이다.

한국거래소에는 현재 코스피(KOSPI)와 코스닥(KOSDAQ) 그리고 코넥스(KONEX) 등 2,500개 이상의 기업(2023년 3월 24일 기준 2,586개)이

상장되어 있다. 미국의 경우 세계 최대의 증권거래소인 뉴욕증권거래소(NYSE)와 벤처 기업을 중심으로 하는 나스닥(NASDAQ)을 합쳐 6,000개 이상의 기업이 상장되어 있다.

이토록 많은 종목을 기술적으로 분석할 때 뼈대가 되는 것이 차트다. 차트에는 여러 종류가 있지만, 가장 일반적으로 쓰이는 봉 차트는 주식에 관심이 없더라도 아마도 한 번은 본 적이 있을 것이다. 해외에서도 캔들 차트라 불리며 많이 이용되고 있다.

이외는 미국이나 유럽 등지에서 많이 쓰이는 라인 차트나 바 차트가 있다. 바 차트는 고점과 저점을 연결해 선으로 표시한 왼쪽에는 시가, 오른쪽에는 종가를 짧은 선을 그어서 표시한다. 봉 차트와 차이는 몸통 부분이 선이라는 점밖에 없다. 하지만 직관적인 가시성은 봉 차트가 더 뛰어나다는 것이 중론이다.

봉 차트는 책에서 소개할 모든 기술적 분석에 두루 사용된다. 그만큼 기술적 분석의 기초 중 기초라 할 만한 차트다.

POINT! 시세 움직임을 나타내는 차트의 기본은 봉 차트다. 봉 차트를 아는 것이 기술적 분석의 기초다.

양봉과 음봉,
몸통과 꼬리

-
-
-

　만화에서는 하루 동안 미연의 기분을 수치로 표시했다. 잠은 조금 부족했어도 몰디브 바다를 만끽한 꿈으로 나쁘지 않은 아침을 맞았고, 회사에서는 실수를 저질러서 부장님에게 혼난 후 기분을 망쳤지만, 퇴근 후 이탈리아 요리와 노래방을 즐기며 기분이 급상승했다. 그리고 술과 함께 기분 좋게 잠자리에 들었는데 이 하루를 주가로 바꿔 봉으로 나타내면 봉은 최종적으로 양봉(상승)이 될 것이다. 반대로 아침에 일어났을 때보다 잠들 때 기분이 더 나빴다면 음봉(하락)이 된다. 미연의 기분 지표처럼 기업의 하루, 한 주, 한 달 동안의 주가 동향이 한눈에 들어오는 것이 봉이다.

봉에는 시가보다 종가가 높으면 하얗거나 빨갛게 나타내는 양봉, 시가보다 종가가 낮으면 까맣거나 파랗게 나타내는 음봉, 이렇게 두 가지 종류가 있다. 시가와 종기를 사각형으로 만든 흑백 부분을 몸통이라고 한다. 그리고 몸통에서 위로 그은 선을 위꼬리, 반대로 몸통 아래에서 뻗은 선을 아래꼬리라 한다. 이 밖에 도지형(십자선)이라 불리는 것도 있다.

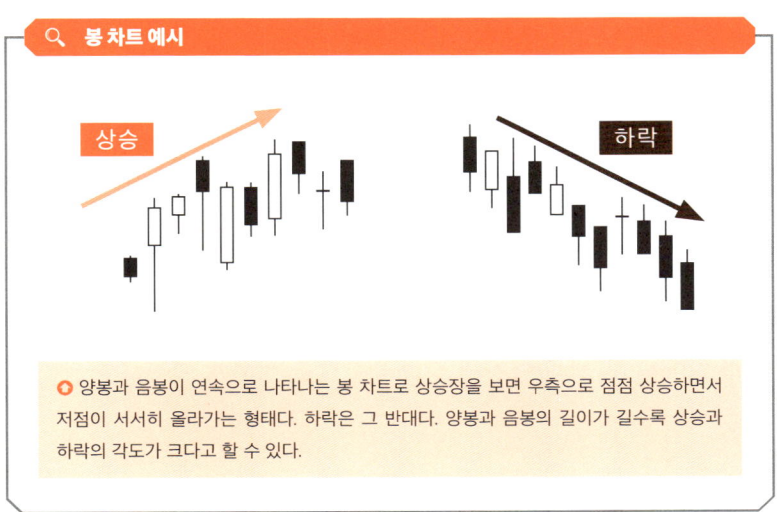

🔍 **봉 차트 예시**

○ 양봉과 음봉이 연속으로 나타나는 봉 차트로 상승장을 보면 우측으로 점점 상승하면서 저점이 서서히 올라가는 형태다. 하락은 그 반대다. 양봉과 음봉의 길이가 길수록 상승과 하락의 각도가 크다고 할 수 있다.

단기 매매라면 짧은 기간을, 장기 투자라면 긴 시간을 주로 사용한다. 일반적으로 하루를 기준으로 나타내는데 이를 일봉이라 한다. 한국거래소에서는 오전 9시부터 오후 3시 30분까지를 기준으로 일봉이 형성된다. 중장기적인 동향을 본다면 일주일간의 변화를 나타낸 주봉, 한 달간을 보여주는 월봉, 연간을 보여주는 연봉 등이 사용된다.

시간으로 구별한 봉도 있는데 1분이나 5분 또는 30분 등 분 단위로 자른 봉을 분봉으로, 1시간이나 4시간 등 시간 단위로 자른 봉을 시간봉이라 한다. 초단기 매매를 반복하는 투자자들은 분봉과 시간봉을 주로 활용한다.

주가 차트에는 본래 흰색과 검은색이 주로 쓰였다. 흑백 차트에 하얀색의 양봉과 까만색의 음봉으로 거의 통일되어 사용되었다. 하지만 컬러 화면의 시대가 오자 컴퓨터나 스마트폰 등으로 차트를 보게 되면서 봉 색이 빨간색과 파란색으로 변하게 되었다고 한다.

FX 차트에서는 양봉을 빨강, 음봉을 파랑으로 그리기도 하고 양봉을 파랑, 음봉을 빨강으로 표현하기도 한다. 한국에서는 양봉을 빨강, 음봉을 파랑으로 표시한다. 해외는 양봉은 안전하다는 뜻의 파랑으로, 음봉은 위험을 나타내는 빨강으로 나타내는 경우가 많다고 한다.

40쪽에서 말한 것처럼 해외에서 주로 사용되는 바 차트는 색의 구분 없이 세로 선으로 주가의 고저 폭을 나타내고 짧은 가로 선으로 시가와 종가를 나타내고 있다. 봉 차트나 바 차트 등 어느 차트라도 왼쪽에서 오른쪽으로 움직이는 것은 똑같다.

POINT!

봉은 한눈에 하루의 주가 움직임이 보이는 편리한 도구다. 기간은 거래 기간에 따라 적절히 나눠 쓰자.

봉의 기본적인
세 가지 패턴

-
-
-

그러면 이제 흰색과 검은색으로 표시된 봉을 전제로 봉의 패턴을 이야기해보자.

봉은 일정 기간의 시세 중 네 가지 수치(시가, 고가, 저가, 종가)를 묶어 하나의 형태로 나타낸 것이다. 이 봉을 늘어놓아 시세 상황이나 흐름 등을 알 수 있게 한 차트가 봉 차트다.

시장에서는 매도세와 매수세가 부딪혀 거래를 이어가는 과정에서 여러 형태의 봉을 만들어낸다. 봉의 기본적인 형태로 양봉, 음

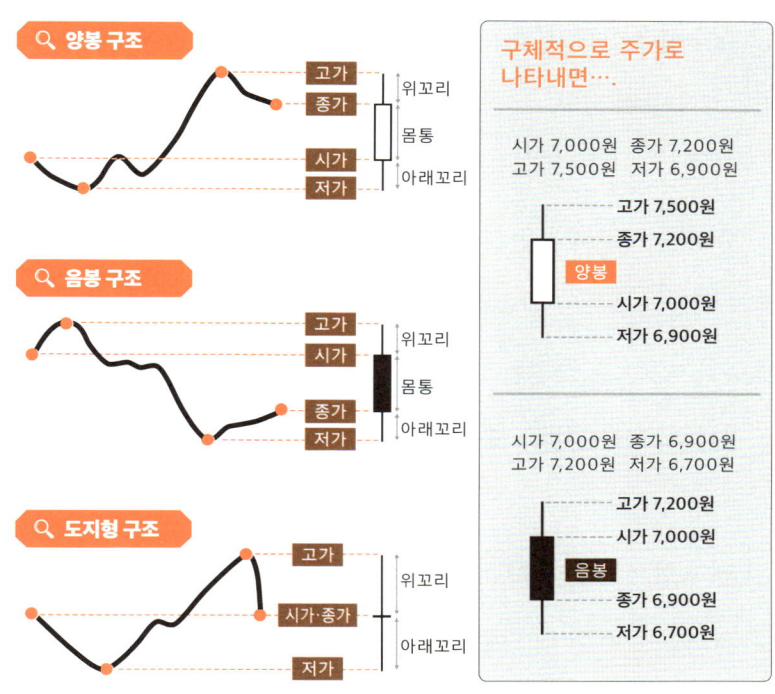

봉, 도지형(십자형)을 꼽을 수 있다.

먼저 양봉은 시가보다 종가가 높게 끝났을 때 형성되는 봉으로 흰색과 빨간색으로 표시한다. 거래 개시부터 종료를 통틀어 최종적으로 매수세가 강했음을 나타낸다.

매수세가 강하고 클수록 이 봉의 몸통이 길어지면서 이후에 설명할 대양봉이 된다.

음봉은 시가보다 종가가 낮게 끝났을 때 형성되는 봉으로 검은색과 파란색으로 표시한다. 거래 개시부터 종료를 통틀어 최종적으로 매도세가 강했음을 나타낸다.

매도 압력이 강할수록 이 봉의 몸통도 길어진다.

봉과 함께 봉의 위아래로 붙는 꼬리 또한 봉의 구성 요소다.

위꼬리는 매수 세력에 의해 고가까지 가격이 치솟았지만 매도 세력의 저항으로 기세가 꺾여 종가를 맞이했음을 뜻한다. 위로 꼬리가 길수록 매도 압력이 강했음을 시사한다. 아래꼬리는 매도 세력에 의해 저가까지 가격이 내려갔으나 매수 세력의 저항으로 주가가 상승세로 돌아서서 종가를 맞이했다는 뜻이다.

도지형(십자형)은 '동시'를 뜻하는 일본어(どうじ, 도지)에서 온 단어로 시가와 종가가 같아 봉의 몸통 부분이 가로 선으로 표시되는 경우다. 매수와 매도의 세력이 비슷했다고 할 수 있다.

고점 근처에서 도지형이 나타난다면 매수세가 매도세에 막혀 하락이 시작할 것이라는 의미다. 반대로 저점 근처에서 나타나면 매도세를 매수세가 막았다고 풀이되며 상승 전환의 신호로 해석한다. 또 위꼬리가 긴 형태라면 고점에 대한 저항이 강하고 아래꼬리가 길 때는 저점에 대한 저항이 강한 상태로 본다.

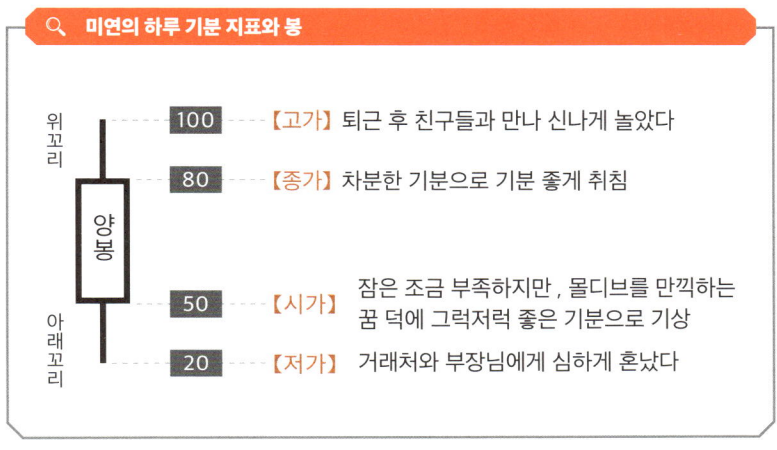

이렇듯 봉의 몸통과 꼬리는 시세의 단순한 상하 운동만이 아니라 시장의 심리 상태를 나타내기도 한다.

만화에서 미연은 거래처에 실수를 저질러서 거래처는 물론 부장님에게도 혼나 기분이 나빠졌다, 하지만 퇴근 후에는 친구들과 신나게 놀면서 기분이 급격히 뒤바뀌며 크게 상승했다. 봉으로 말하자면 아래꼬리를 붙인 형태다. 그날 고점을 찍은 후 집에 돌아와서는 후에는 차분한 마음으로 기분 좋게 취침에 들었는데 봉으로 비유하자면 위꼬리를 붙이며 최종적으로 양봉으로 종료한 셈이다.

POINT! 양봉은 상승, 음봉은 하락. 도지형은 횡보 상태를 나타낸다.

아홉 가지
봉 형태

-
-
-

봉은 몸통과 꼬리의 결합에 따라 아홉 가지로 구분한다.

● 소양봉, 소음봉

소양봉은 봉의 몸통이 짧고 매수와 매도가 비슷하면서도 조금 값이 오른 상태다. 이것이 연속해서 나타나면 대양봉으로 이어질 가능성이 있다. 반대로 소음봉은 매수와 매도가 비슷하면서도 조금 값이 내려간 상태다. 이게 연속해서 나타나면 대음봉으로 이어질 가능성이 있으므로 경계가 필요하다.

● 대양봉, 대음봉

대양봉은 봉의 몸통이 확연히 길어 눈에 띄는 양봉이다. 보통 몸통 길이가 평균 가격 폭의 다섯 배 이상일 때 대양봉이라 한다. 매도세가 약해지고 매수세가 강해질 것을 시사한다. 대음봉은 그 반대다. 매수세는 약해도 매도세가 강하며 당분간 그 추세가 이어질 것을 의미한다.

● 위꼬리양봉, 위꼬리음봉

위꼬리양봉은 위꼬리가 긴 양봉이다. 고점 근처에서 이 위꼬리양봉이 출현하면 하락 전환을 시사한다고 해석할 수 있다. 매수세의 승리로 끝나서 양봉이기는 하지만, 매도세의 저항이 강해졌다고 추측할 수 있기 때문이다. 저점 근처에서 나타났다면 상승 전환의 신호로 본다. 위꼬리음봉은 위꼬리가 긴 음봉이다. 이 또한 고점 근처에서 출현하면 하락 전환을 예상할 수 있으며, 저점 근처에서 나타난다면 하락이 유지되리라 추측할 수 있다.

● 아래꼬리양봉, 아래꼬리음봉

아래꼬리양봉은 아래꼬리가 긴 양봉으로 저점 근처에서 나타난다면 상승 전환을 예상할 수 있다. 매수세의 저항이 강해 최종적으로 매수가 승리한 형국이다. 아래꼬리음봉은 아래꼬리가 긴 음봉으로 고점 근처에서 나타난다면 하락으로의 추세 전환을 예측해볼 수 있다. 매수세의 저항은 있었으나 최종적으로는 매도세의 승리라는 해석이다. 저점 근처에서 나타난다면 곧 반발 상승이 예상되는 상황이다. 음봉이지만 매수세가 강했다는 것을 의미하기 때문이다.

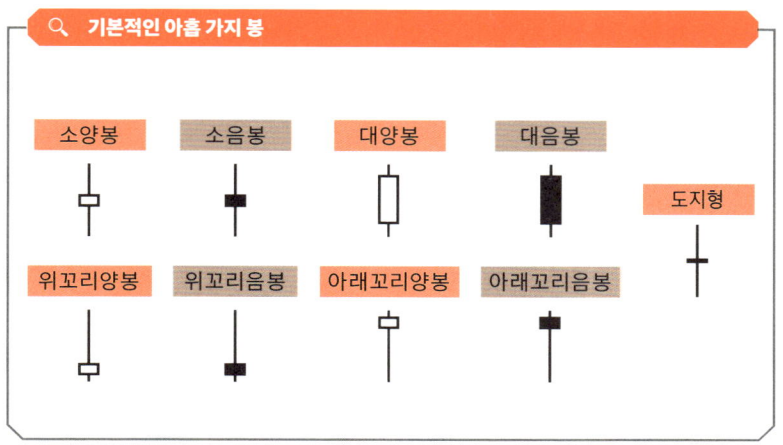

● 도지형

　도지형은 48쪽에서 기본적인 세 가지 패턴 중 하나로 이미 설명했으나 다시 한번 짚고 넘어가자. 도지형은 시장이 횡보하거나 추세가 전환될 때 주로 나타난다. 도지형 중에서 꼬리가 길어 십자선이라 불리는 형태는 위꼬리와 아래꼬리 모두 길게 늘어진 형태다. 시세가 전환되는 지점이나 전환이 가속될 때 자주 나타난다. 등장 후 어느 한쪽으로 주가가 크게 움직이는 경향이 있다. 그 밖에 아래꼬리가 길고 위꼬리는 없거나 짧은 잠자리형, 위꼬리가 길고 아래꼬리는 없거나 짧은 비석형 등이 있다.

　이런 기본적인 아홉 형태 외에도 몸통의 길이, 몸통에서 나온 꼬리 위치와 길이에 따라 독특한 봉들도 더러 있다. 재미있는 이름으로 기억하기 쉬우니 각 봉의 의미를 배워두면 좋겠다.

● 장대양봉, 장대음봉

　장대양봉은 위아래 꼬리 없이 비교적 큰 몸통을 가진 양봉이다. 시가가 저점이며 매수세가 강해 시가 이하의 저점을 만들지 않고 고가에서의 압력도 무시한 채 고점에서 장을 마친 대단히 강한 봉이다. 일직선으로 뻗은 봉에서 차후에도 매수세가 이어질 것을 기대할 수 있다. 장대양봉의 반대는 장대음봉이다. 꼬리가 없는 대음봉이 일직선으로 쭉 뻗은 형태로 이후에도 매도세가 이어질 것을 암시하고 있다. 참고로 꼬리가 없는 봉을 장대라 한다.

기세 좋게 일직선으로 고점을 형성했으나 매수세가 일시적으로 빠지면서 종가를 형성한 움직임을 보여주는 비교적 큰 양봉에 위꼬리를 붙인 봉을 위꼬리장대양봉으로, 그 반대를 위꼬리장대음봉이라고 한다.

● 팽이형 등

그 외로 교착 상태나 앞으로의 시장 반전을 시사하는 봉은 팽이형, 잠자리형, 비석형, 긴꼬리 도지, 일자형 도지 등이 있다. 팽이형 양봉은 봉의 몸통과 상하 꼬리 둘 다 짧은 형태로 시세 전환점이나 주가 변동이 빨라지는 때에 나타난다. 교착 상태지만 곧 주가가 상승하리라는 기대감을 내포하고 있다. 팽이형 음봉은 하락 염려 속에서의 교착 상태를 뜻하나, 아직은 하락세가 이어지고 있는 상태다. 위꼬리도 아래꼬리도 없이 오로지 가로선 하나인 일자형 도지는 위로도 아래로도 움직이지 않는 상태에서 거래량마저 적어 전혀 기세가 붙지 않는 상황을 뜻한다.

이제 여러분도 눈치챘겠지만, 봉은 크게 상승 신호와 하락 신호 그리고 교착 상태나 시세 전환 암시라는 세 패턴으로 분류할 수 있다. 적중 확률이 높은 순으로 말하면 상승 암시는 장대양봉, 대양봉, 아래꼬리양봉, 아래꼬리음봉. 하락 암시는 장대음봉, 대음봉, 위꼬리음봉, 위꼬리양봉. 그리고 시장 교착 혹은 추세 전환으로는 팽이형, 잠자리형, 비석형 등으로 분류할 수 있다.

여러 얼굴을 가진 봉은 성격도 가지각색이다. 형태, 나타나는 위치에 따라 상승, 하락 등 각기 다른 의미를 암시한다.

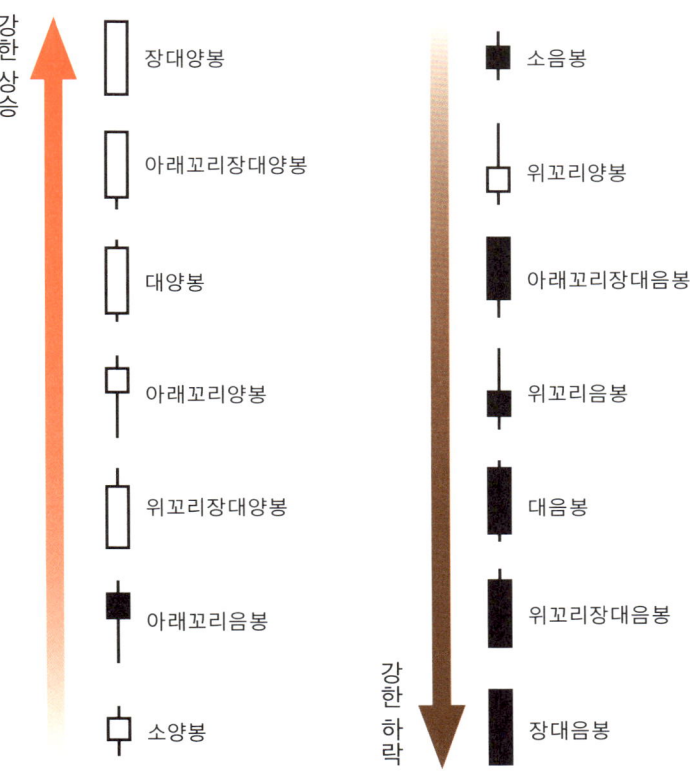

Part 2 봉

기본을 익힌 후의
활용법

-
-
-

　　만화에서 미연은 여행을 즐기는 꿈 덕에 기분 지표 50으로 일어났다. 업무에서 실수를 저지르고 부장님에게 혼나면서 기분 지표가 20으로 급락했지만, 퇴근 후 친구들과 즐겁게 지내며 지표가 100까지 급등했다. 자기 전에 유튜브를 보며 마음이 차분해지면서 지표 80으로 잠자리에 들었다.

　　봉 차트로 비유하자면 전일 대비 플러스로 개장한 후 악재 발생으로 음봉이 되었지만, 반등이 일어나 주가가 기세 좋게 오르다가 고점에서 한 발짝 물러선 형태로 종가를 기록한 것이다. 일봉 전체로 보면 양봉이라 할 수 있다. 만약 업무에서 실수하지 않았다면 대양봉이 되었을지도 모른다.

미연은 내일도 좋은 하루가 되었으면 좋겠다고 생각하며 잠들었다. 오늘이 양봉이었기 때문에 내일에 대한 기대가 부푼 것이다. 일상생활만이 아니라 봉 또한 이러한 시장의 심리가 반영되어서 형성된다.

위와 같이 봉은 주가나 시세 상황만이 아니라 미래의 시세 방향성도 암시한다. 그러나 모든 일에 절대적인 예측은 없다. 봉 차트에서는 속임수(기술적 지표의 신호대로 값이 움직이지 않는 경우)도 왕왕 등장한다. 당연히 봉에 상승이나 하락 신호가 등장해도 이론이 통하지 않을 때도 있다. 봉 차트를 탓한들 무슨 소용이겠는가. 오래전부터 봉이 시세 분석 수단으로 애용되었던 배경에는 그 나름의 이유가 분명히 있었다는 점을 기억하자.

봉 차트를 만든 일본에는 사케다 5법이라는 기술적 분석도 있다. 여러 봉을 조합해 시세 패턴을 분석하고 삼봉, 삼천, 삼병, 삼법,

삼공이라는 다섯 가지 응용 패턴을 보여주는 분석이다. 하지만 일단 하나의 봉을 제대로 이해하는 것이 가장 중요하다. 봉 차트 공부와 분석은 누구라도 할 수 있다.

일단 봉 하나라도 제대로 이해하는 것이 중요하다. 봉 차트는 누구나 배울 수 있는 지혜다.

PART

추세선

인생은 산 넘어 산이라고들 하는데,
주가나 환율도 인생과 같아서 상하로 움직이면서
굴곡을 만든다.
만약 지금 흐름을 관찰함으로써 다음 움직임을
알 수만 있다면….

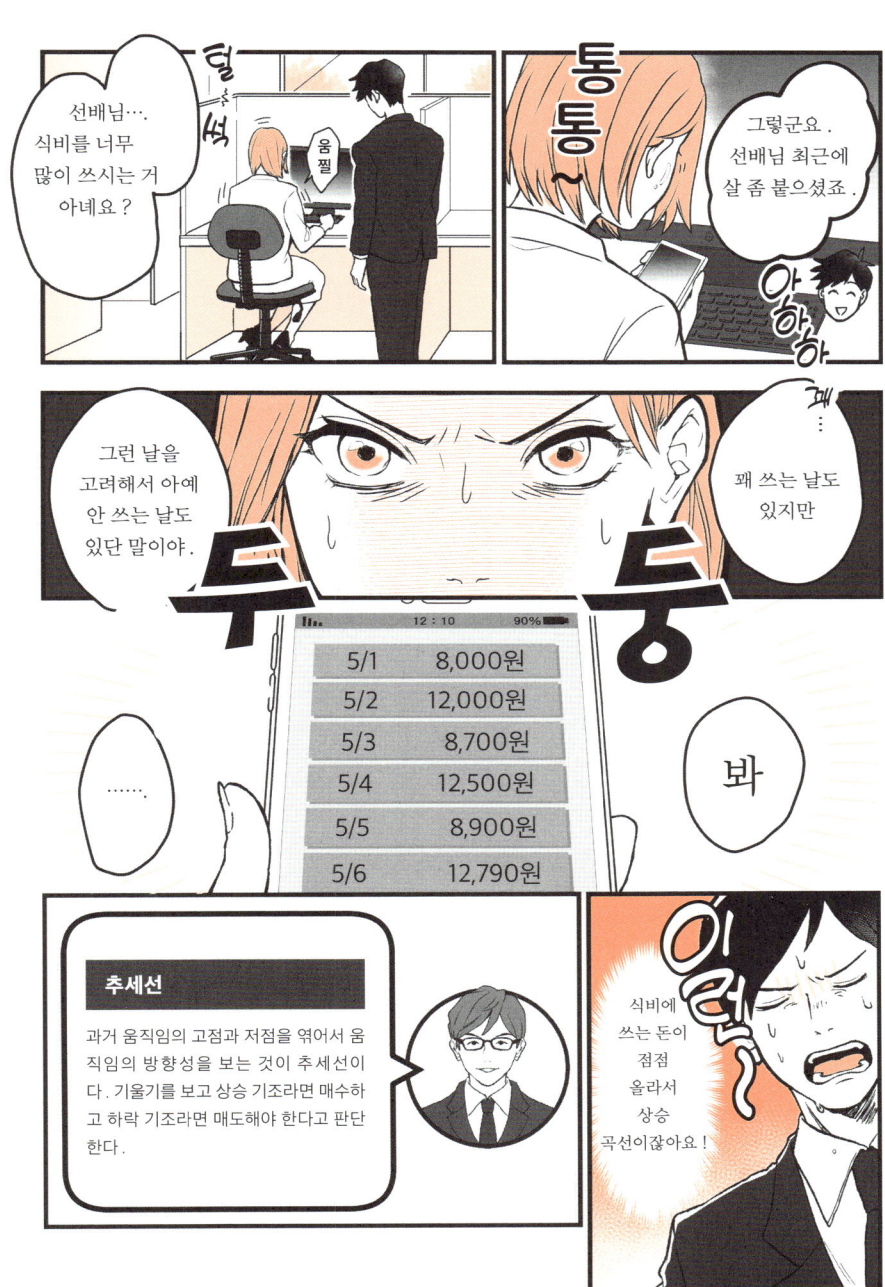

인생은
예측불허

불행과 행복은 새끼를 꼬듯이 차례대로 찾아온다. '인간만사 새옹지마'라는 고사성어도 비슷한 의미다. 인생에는 좋을 때도 있고, 나쁠 때도 있다. 그뿐이겠는가? 일상생활, 업무, 건강, 심리 상태, 운도 똑같다. 모든 일에는 반드시 이런 파도가 있다. 하루라는 짧은 시간부터 한 달, 일 년 혹은 5년, 10년이라는 긴 주기에도 굴곡이 있다. 우리는 작은 파도와 큰 파도를 반복하면서 상승하기도 하락하기도 할 것이다. 경제나 주식 시세에서도 이러한 파도(주기)를 흔히 볼 수 있으며, 이는 분석과 투자에 널리 활용되고 있다.

한 번 인생의 상승 곡선을 타면 탄탄대로인 것 같지만, 우쭐거리다가 별것 아닌 일로 실수를 저지르거나, 갑자기 불운한 일을 겪게 되어 시무룩했던 경험은 누구나 갖고 있을 것이다. 상승 기조 안에서 작은 하락 파도를 탔다고 볼 수 있다. 주식 시장에서도 이와 같은 현상이 일어나곤 한다.

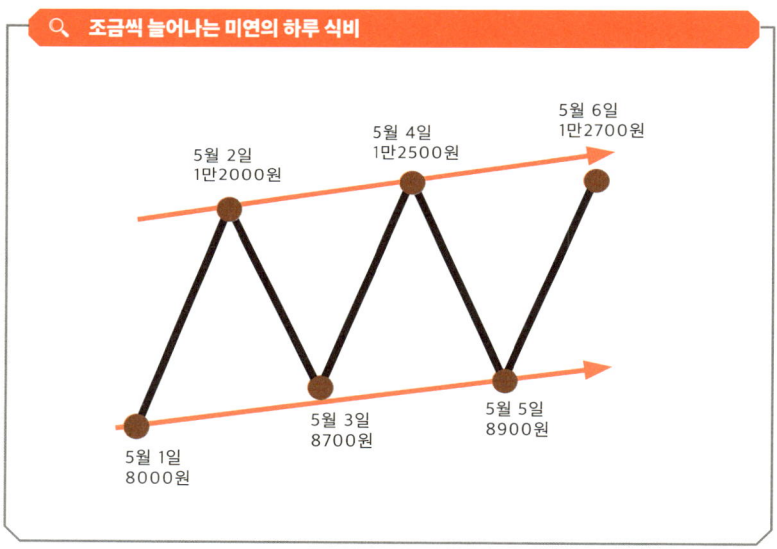

주가가 한 번도 내려가지 않고 계속 오르거나 저항도 없이 계속 내려가는 일은 결코 있을 수 없다. 오르내리지도 않은 채 그냥 주가를 유지하는 현상도 당연히 불가능하다. 장기적으로 보면 크게 상승하거나 하락한 주가라 해도 그 안에서 올랐다 떨어지기를 반복하면서 움직이게 된다.

이런 상하 파도의 경향을 파악해 주가의 상승과 하락의 추세를 읽어내고 활용하는 기술적 분석 수법이 추세선이다. Part 3에서는 추세선을 이용한 기술적 분석 방법을 소개하겠다.

기술적 분석의 핵심,
추세선

추세선은 전문가는 물론 기술적 분석에 신경 쓰지 않는 투자자라도 한 번쯤은 보게 될 유명한 분석 방법이다. 주가가 위아래로 파도를 그리면서 상승하게 되는 상승 추세와 마찬가지로 파도를 그리면서 하락하는 하락 추세 그리고 위아래로 움직이면서도 일정 라인 안에서 움직이는 횡보 추세까지 세 부류로 나뉜다.

만화에서 미연의 식비는 8,000원부터 시작해 8,700원, 8,900원으로 점점 위로 올라갔다. 돈을 많이 쓴 날의 식비도 1만2,000원, 1만2,500원, 1만2,700원으로 오르고 있어서 전체적으로 점차 식비가 늘어가는 형국이다. 이 경우는 식비가 상승 추세에 있다고 할 수 있다(미연은 어떻게든 돈을 절약하고 싶은데 식비가 상승 추세라니 유감이다).

먼저 상승 추세의 추세선을 살펴보자. 상승 추세로 그려지는 파도의 저점 부분(미연의 식비로 보면 8000원, 8700원, 8900원에 해당)을 하나의 선으로 연결한 것을 '지지선'이라고 한다. 이 선은 일시적인 하락으로부터 탈출해 상승 기조를 탔을 때의 기준점이 된다. 상승 추세에서 하락 파도가 지지선에 접근하거나 닿았을 때 주가가 저항하기 쉬운 경향을 보인다. 그 때문에 지지선까지 주가가 내려왔을 때를 매수 진입 시기로 판단할 수 있다.

참고로 상승 추세에 따라 주식을 매수하는 행위를 추세추종형 투자라 부른다. 지지선은 추세추종형 투자에서 매수 진입 시기를 살피는 데 유용하게 쓰인다.

상승 추세 중에 주가가 지지선 아래로 돌파했다면 추세 전환을 예측할 수 있다. 상승 추세 종료를 시사하는 첫 번째 신호다.

인생으로 비유하자면 일도 순조롭게 풀리고 결혼 같은 행복한 사건이 연이어 있었지만, 갑자기 병이나 부상을 겪으며 수레바퀴가 나쁜 방향으로 굴러간 느낌일 것 같다. 그럴 때는 위험을 감수하지 않고 얌전히 동태를 살피는 편이 현명하다.

주식 투자도 마찬가지다. 보유하고 있는 종목 주가가 지지선 아래로 떨어지면 그 종목은 손절매를 생각해봐야 한다. 물론 지지선만으로 주가 추세를 완벽하게 파악할 수 있는 것은 아니다. 그 상태에서 갑자기 건강(주가)을 회복해 상승 추세로 돌아오기도 하니까, 절대적인 법칙은 아니라는 뜻이다.

POINT! 추세추종형 투자에서는 상승 중의 저점을 묶은 지지선에 주의하자. 주가가 하락해 지지선에 접근하면 매수 진입 지점이다.

저항선으로 파악하는
추세 전환 지점

-
-
-

　이어서 하락 추세일 경우를 소개한다. 하락 추세에서도 주가는 대부분 위아래로 움직이면서 아래로 내려간다. 앞에서 살펴본 지지선이 일정 기간의 저점만을 묶어 이은 것이었다면, 하락 추세일 때에는 파도의 높은 부분인 고점을 묶어 선을 그린다. 이것을 저항선이라고 부른다. 하락 추세에서는 종가가 일시적으로 반발해도 저항선에 닿으면 다시 주가가 하락할 가능성이 크다고 본다. 만약 저항선을 뚫고 위로 올라간다면 지지선이 그렇듯 추세 전환의 신호로 받아들여진다.

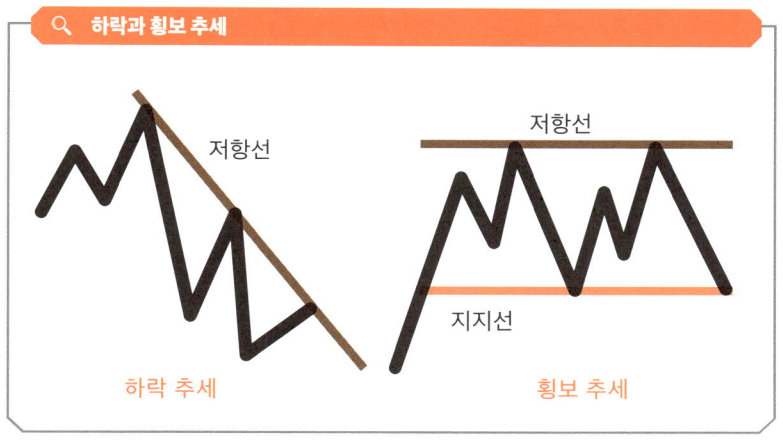

　　주가 추세 중에는 파도를 형성하면서도 전체적으로는 횡보 상태를 유지하는 횡보 추세도 있다. 파도의 높은 부분과 낮은 부분을 각각 연결한 범위 내에서 움직이는 상황으로 박스권 혹은 박스권 장세로 불린다. 횡보 추세에서는 파도의 높은 부분을 연결한 선이 저항선, 파도의 낮은 부분을 연결한 선이 지지선이 되며, 이 선들을 돌파했을 때 상승 혹은 하락 추세로 바뀌는 신호라고 해석한다.

POINT! 하락 추세 중에는 고점을 연결한 저항선에 주의하자. 주가가 상승해 저항선을 돌파하면 상승 추세로 돌아설 가능성이 있다.

상승? 하락?
예측 불가인 삼각수렴

마지막으로 횡보 추세를 응용한 추세선을 소개한다. 삼각수렴(Triangle Formation)이라고 불리는 패턴으로, 주가 차트에서 자주 볼 수 있다. 일상생활에서도 좋은 일과 나쁜 일이 번갈아 일어나서 대체 운이 좋은지 나쁜지 알 수 없는 때가 있다. 삼각수렴 역시 이런 모호한 상황과 비슷하다.

실제 차트를 보자. 빨간 선으로 표시한 구간에서 주가가 계속 정체된 모습을 보여준다. 그러다 움직임이 점점 작아지면서 형태가 삼각형처럼 되었다. 바로 이 상태가 삼각수렴이다. 삼각형의 꼭짓점에 가까이 갈수록 추세 전환이 일어나기 쉬운 경향이 있다. 삼각수렴 상태에서는 상승과 하락 어느 쪽으로 추세가 형성될지 아직 알 수 없다. 주가의 고점을 연결한 저항선을 뚫으면 상승 추세, 저점을 묶은 지지선을 뚫으면 하락 추세로 이어질 가능성이 크다고 풀이한다.

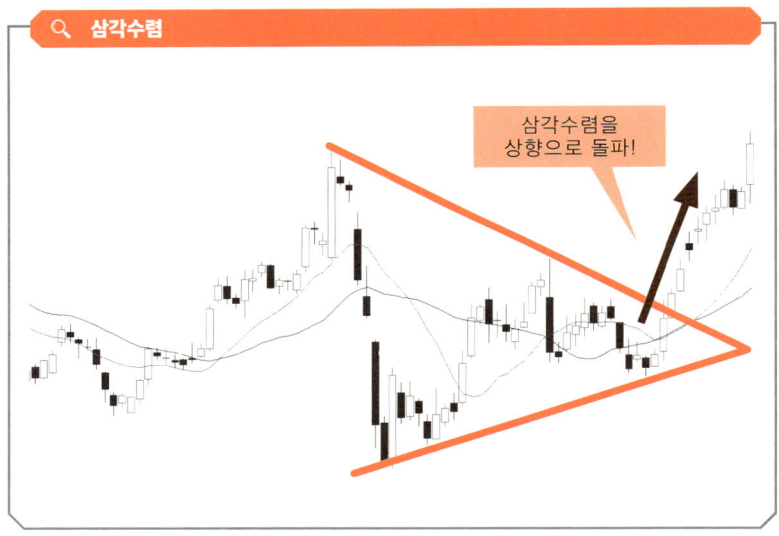

삼각수렴은 전체 시세가 경합일 때 자주 보이는 형태로 포착하기 쉬운 추세 전환 신호다. 꼭 기억해두자.

추세선,
누구나 그릴 수 있다

중요한 점은 지지선과 저항선 그리고 삼각수렴 모두 많은 투자자가 생각하는 추세 전환의 분기점이라는 사실이다. 이 분기점을 의식하는 투자자가 많을수록 이것들을 토대로 투자하는 투자자도 많아질 것이다. 결과적으로 주가 동향도 실제로 전환될 가능성이 크다. 선명한 추세선이 그려지는 차트라면, 그만큼 신뢰성 있는 추세 전환 신호라 할 수 있다.

추세선 분석은 봉 차트를 볼 수 있는 환경이라면 누구나 할 수 있다. 실제 주가 차트에 추세선을 그릴 수 있는 도구는 얼마든지 있고 선을 몇 개 그리기만 하면 되니, 그다지 어려운 작업도 아니다. 매수와 매도의 진입 시기를 가늠할 때 스스로 선을 그려보길 추천한다.

POINT!

봉 형태가 삼각형처럼 되는 삼각수렴은 꼭 확인하자. 그 후 추세를 결정짓는 중요한 분기점이다

PART 4

차트 패턴

차트 동향이 나타나는 몇 개의 패턴.
패턴을 보면 진입 기회를 알 수 있다.
추세 전환점을 놓치지 마라!

만화로 보는 차트 분석

차트 흐름을 보면
미래 동향이 보인다

앞에서는 기술적 분석의 기본이 되는 봉 차트와 추세선에 관해 설명했다. 이것만 가지고도 여러 분석이 가능하지만, 이제 특징적인 차트 패턴에서 미래 주가의 벡터(방향성)를 예측해보기로 하자.

일봉에서는 그날의 시가, 종가, 고가, 저가를 한눈에 볼 수 있다. 하나의 봉이 시간 경과에 따라 여러 개 쌓이면서 형태를 띠게 되고 그 형태가 주가의 방향성을 보여주게 된다. 사람을 사귀는 것도 비슷하지 않은가. 처음 만난 날의 첫인상은 좋았는데 여러 번 만나다 보니 단점만 눈에 들어오게 되었다는 이야기도 드물지 않으니 말이다. 주식과 FX 투자에서도 가능한 한 과거의 동향을 검토하고 행동 패턴을 분석해봐야 한다.

어렵게 생각할 필요는 없다. 꼭 기억해야 하는 패턴은 그리 많지 않고 외우기 쉬운 이름도 붙어 있다. 물론 100% 그대로 움직이지는 않겠지만, 과거의 경험을 토대로 하기에 적중률은 대단히 높다. 오를지 내릴지 확률 50%인 도박을 하는 감각으로 투자하지 말고, 기술적 분석 등을 활용해서 조금이라도 승률을 높여가자.

POINT!
꼭 알아야 할 차트 패턴은 그렇게 많지 않다. 차트 패턴을 활용하면 승률은 확실히 올라간다.

이중 천장형 & 이중 바닥형은
추세 전환의 신호

시세의 최저점을 보여주는 이중 바닥형부터 알아보자. 주가가 크게 하락한 후 반등해 약간 상승하더니 다시 저점 근처까지 주가가 하락하다 다시 상승으로 돌아섰을 때의 차트 형태다. 마치 알파벳 W처럼 보인다. 이 형태가 나타나면 바닥을 치고 상승 추세로 전환될 가능성이 크다.

여기서 중점적으로 볼 점은 어디서 매수 진입을 하느냐다. 그 기준이 되는 것이 바로 넥라인(최저점을 형성한 후의 고점)이라고 부르는 중간 고점이다. 예로 든 차트처럼 주가가 넥라인을 넘어서야 상승 추세로 전환했다고 판단한다. 넥라인을 넘어서 기다리던 이중 바닥형이 완성되면 매수 신호가 들어왔다는 것이다. 그리고 매수 진입과 동시에 당장 어느 정도 이익을 보고 매도할지 대략적인 목표치를 잡아두자. 이때도 기준은 넥라인이다. 두 번째 바닥에서 넥라인까지의 가격 상승 폭을 그대로 넥라인 가격에 더한 값이 당장 노려야 할 목표치다.

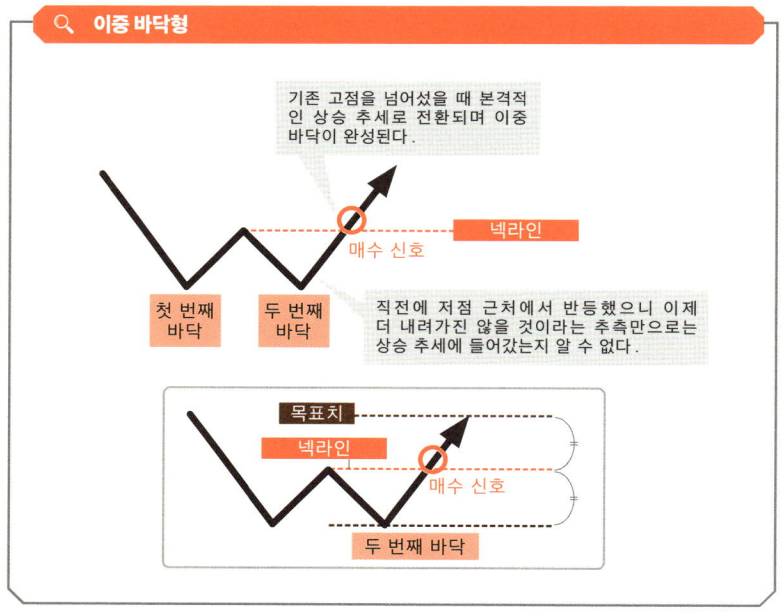

 시세의 바닥을 나타내는 이중 바닥형은 알파벳 W 모양. 넥라인이 중요한 포인트다

다음은 이중 천장형이다. 이중 바닥형과는 반대로, 시세의 천장을 나타내는 차트 패턴이다. 천장이 두 개 있는 알파벳 M 같은 형태로 이중 바닥형의 W를 거꾸로 한 것처럼 보인다. 주가가 크게 상승한 후 잠시 하락하는 것처럼 보이다 다시 이전 고점 근처까지 상승한 후 또 하락하는 패턴이다.

이 패턴에서는 첫 번째 천장을 형성한 후 저점이 넥라인이 되며 주가가 넥라인을 깨면 이중 천장이 완성되며 하락 추세로 전환(매도 신호 발생)되었다고 판단한다. 중요하게 볼 목표치는 두 번째 천장에서 넥라인까지의 값 폭이다.

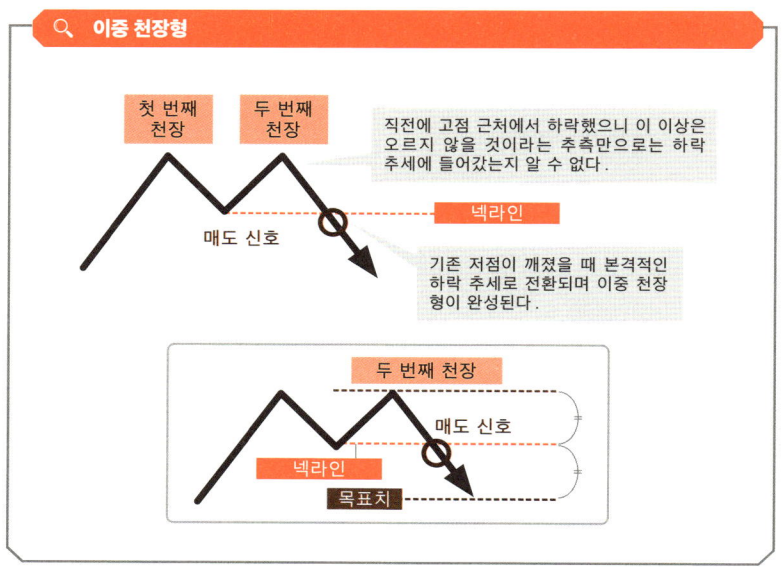

신뢰도 높은
머리어깨형

이중 천장이나 이중 바닥과 비교해 나타날 확률이 적은 것이 머리어깨형 바닥(역삼봉형)과 머리어깨형 천장(삼봉형)이다. 출현 빈도가 낮은 만큼 추세 전환의 확률도 높다고 할 수 있다. 머리어깨형은 사람의 모습처럼 머리와 어깨로 구성되어 있다. 이해가 쉽도록 우선 시세 천장을 나타내는 머리어깨형 천장부터 설명하겠다.

머리어깨형 천장은 세 개의 산봉우리로 이루어지며 가운데 고점이 가장 높다. 우뚝 솟은 고점 양옆으로 있는 봉우리 모양을 어깨 가운데 머리가 있는 형상에 빗대어 머리어깨형이라고 한다.

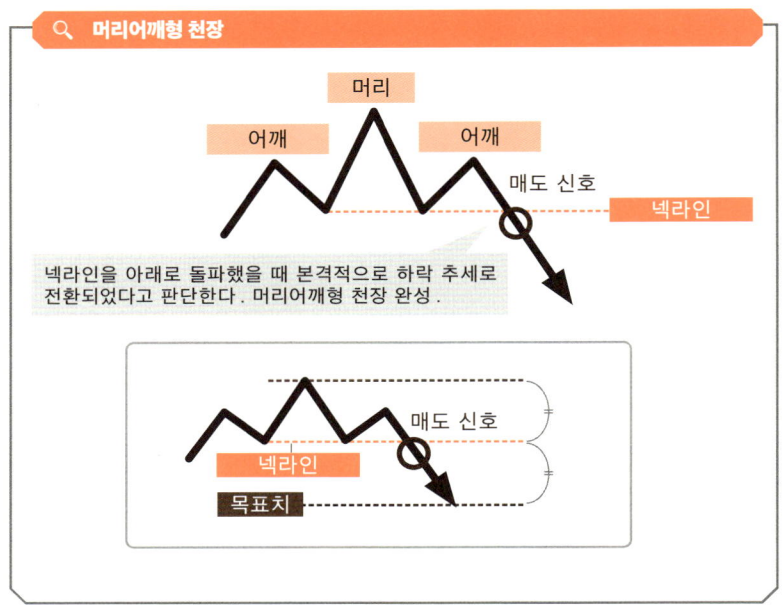

　　차트가 첫 봉우리를 만들고 다시 한번 고점을 경신했을 때 머리어깨형 천장의 머리가 완성된다. 고점을 경신한 지점에서는 상승 추세가 아직 남아있지만, 결국 직전 저점과 유사한 값 혹은 그 이하로 하락하면서 매도 압박이 강해진다. 그 후 반발하다가도 저번 고점(머리)을 경신하지 못하고 저점들을 엮은 넥라인 아래로 주가가 내려가면 상승 추세가 끝났다는 매도 신호가 된다. 이것이 머리어깨형 천장이 만들어지는 과정이다. 보통 최고점과 넥라인의 폭만큼 주가가 더 내려갈 것으로 예상한다.

POINT! 가운데 봉우리가 높은 사람 모양의 차트는 하락장을 예고하는 지표다.

반대로 시세의 바닥과 함께 상승 추세를 보여주는 패턴이 머리어깨형 바닥이다. 머리어깨형 천장을 거꾸로 한 모양으로 역삼봉형으로 불리기도 한다.

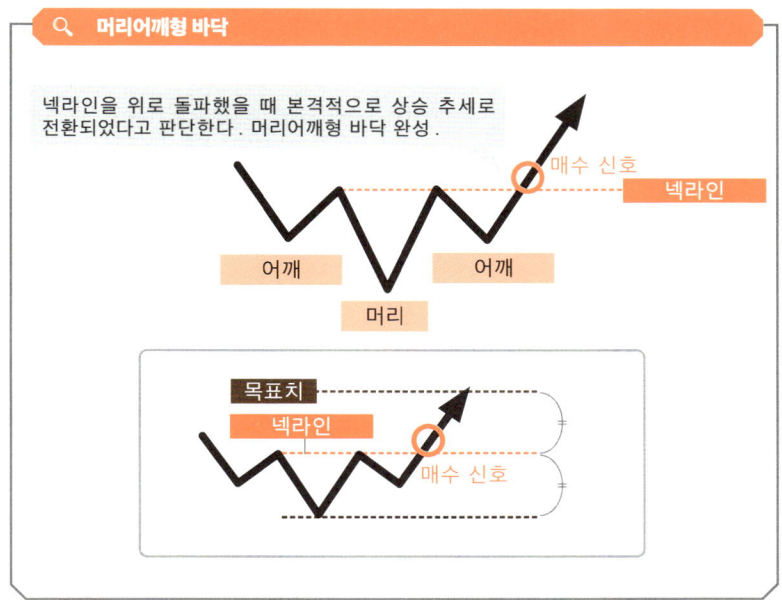

차트가 처음 봉우리를 만들고 이후 저가를 경신하면서 머리어깨형 바닥의 머리가 완성된다. 저가를 경신한 지점에서는 하락 추세가 아직 남았지만, 결국 직전 고점과 유사한 값이나 그 이상으로 상승하면서 매수 압력이 강해진다. 그 후 반발하다가도 직전 저점까지 떨어지지 않으면서 첫 고점과 다음 고점을 이은 넥라인 위로 주가가 올라가면 하락 추세는 끝났다는 매수 신호가 된다. 이로써 머리어깨형 바닥이 완성된다. 보통 최저점과 넥라인의 폭만큼 주가가 더 오를 것으로 예상한다.

POINT!
사람 모양의 머리어깨형 천장을 거꾸로 한 차트가 머리어깨형 바닥이다. 신뢰도가 높은 매수 신호다.

　자, 여기까지 이중 천장형, 이중 바닥형, 머리어깨형 천장, 머리어깨형 바닥에서 매매가를 어떻게 가늠해야 하는지를 설명했다. 하지만 목표치는 어디까지나 대략적인 수치라는 점을 기억해야 한다. 추세가 강한 경우에는 보유 중인 주식의 일부만 매매한 후 더 큰 이익을 노려도 좋다. 기술적 분석을 활용해서 새 목표를 정해 보자.

주식이나 FX 등의 거래에서는 되도록 손실을 줄이면서 많은 이익을 노리는 것이 기본 원칙이다. 이 원칙을 잘 지킨다면 설령 승률 50%를 넘지 못하더라도 승리하는 투자자가 될 수 있을 것이다.

가격이 크게
요동치는 삼각수렴

-
-
-

Part 3의 추세선 해설에서 설명한 삼각수렴 역시 대표적인 차트 패턴 중 하나다. 삼각수렴을 조금 더 깊게 설명하자면 삼각수렴은 주가가 상하로 움직이면서도 횡보 상태가 이어지고 상하 운동마저 점점 작아지면서 차트 형태가 삼각형처럼 되는 패턴이다.

보통 삼각수렴 후에는 주가가 위아래로 크게 움직이리라 예상할 수 있다. 수렴 기간이 길면 길수록 에너지가 모여 좀 더 큰 움직임을 보인다고 생각하면 될 것이다. 차트도 사람과 똑같이 가만히 참고 있으면 분노가 쌓여 결국 터져버리는 것이다.

삼각수렴에는 삼각형 모양에 따라 다음 세 가지 패턴이 존재한다.

① 상승 삼각수렴

② 하락 삼각수렴

③ 대칭 삼각수렴

꼭짓점을 찍었을 때
진입하라

-
-
-

삼각형 좌측 위쪽에 직각이 나타나는 삼각수렴이 ① 상승 삼각수렴이다(101쪽 그림 참조). 주가가 반복적으로 오르내리던 중, 직전 저가까지 하락하는 것을 기다리지 못하고 투자자가 매수를 시작해 저점이 올라간 상태다. 이 차트 형상이 나타난다면 투자자는 앞으로 주가가 오른다는 기대에 확실한 매수 의지를 보인다는 뜻이다. 꼭짓점을 찍은 후 상승할 확률이 높다.

삼각형 좌측 아래에 직각이 나타나는 삼각수렴이 ② 하락 삼각수렴이다. 상승 삼각수렴 삼각형을 거꾸로 뒤집은 형태로, 서서히 고점이 내려간 패턴이다. 저점은 일정하고 단단하게 안정되어 있으나 위로 올라가려는 세력이 약하기 때문에 직전 고점까지 상승하기를 기다리지 않고 우선 매도하려는 투자자가 서서히 늘어나고 있는 형국이다.

이후 삼각형 꼭짓점에서 아래로 균형이 깨졌을 때 투자자는 일제히 손실을 확정하는 손절매를 하려 할 것이고, 공매도를 진행하

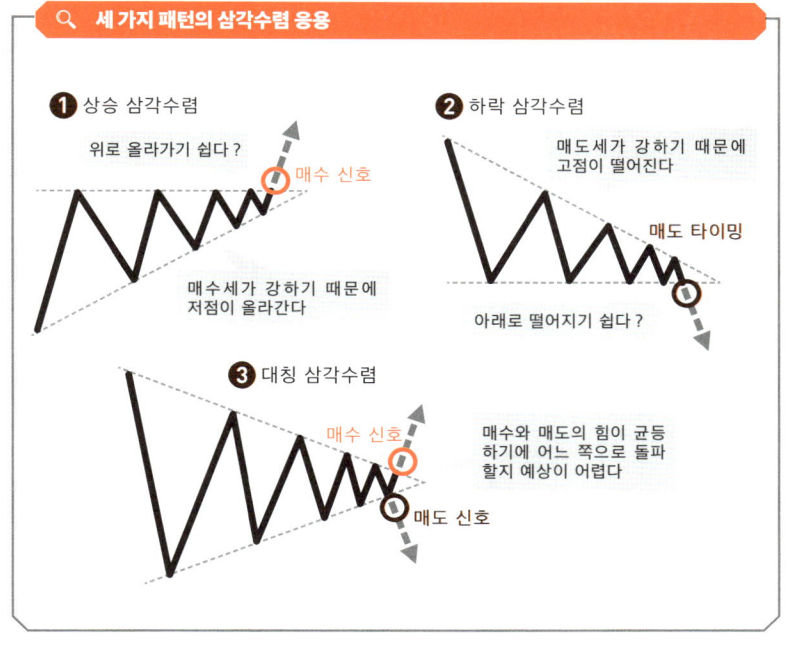

는 사람도 늘어난다. 그 때문에 삼각형 좌측 아래가 직각인 삼각수렴 형태에서 주가가 저점을 깨면 그 후 주가가 하락할 확률이 높다.

예쁜 이등변 삼각형 모양을 보이는 패턴이 ③ 대칭 삼각수렴이다. 고점이 서서히 내려옴과 동시에 저점도 서서히 올라가면서 진폭이 적어진 형태다. 주가가 오르리라는 예상을 한 투자자와 주가가 내려가리라는 예상을 한 투자자가 균형을 이루고 있다. 따라서 꼭짓점이 형성될 때까지는 상하 어느 쪽으로 움직일지 알 수 없다. 주가가 삼각형 꼭짓점에서 어느 방향으로 돌파하든 그 순간이 매수 혹은 매도 신호가 된다. 위로 돌파하면 매수 신호이며 아래로 돌파하면 매도 신호다.

POINT!

삼각수렴은 시장이 힘을 모으고 있다는 증거다. 곧 참지 못하고 크게 움직이게 될 것이다.

여기까지 기본적인 차트 패턴에 대해 알아봤다. 이 외에도 접시형, 라인형, 스파이크형 등 여러 가지 종류가 있으니 공부해보면 어떨까?

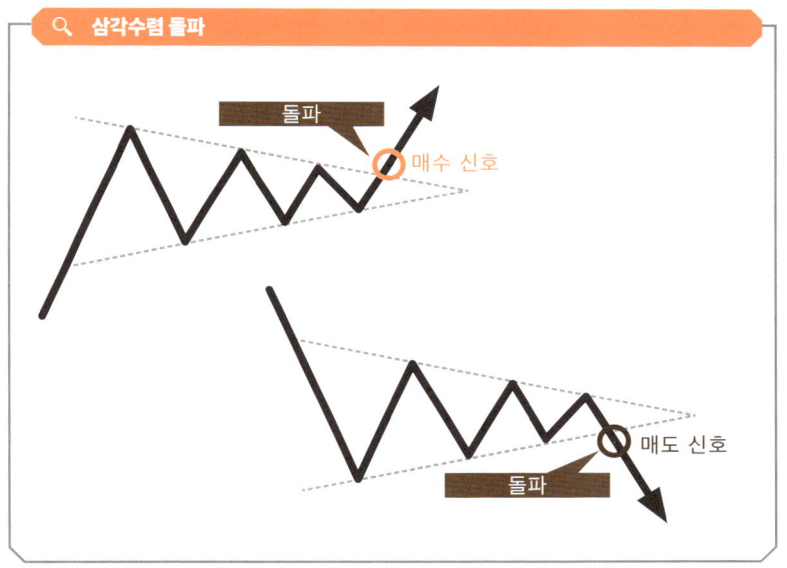

투자 유형 별
차트 기간

봉 차트는 하루 움직임을 나타내는 일봉, 일주일간 움직임을 나타내는 주봉, 한 달간의 움직임을 나타내는 월봉 등 여러 가지 시간 축으로 확인할 수 있다. 이들의 집합체인 차트는 사용하는 봉의 시간 축에 따라 형태가 크게 변한다. 그렇다면 어느 봉을 선택하면 좋을까? 그것은 내가 마음먹은 투자 기간에 따라 달라진다.

몇 주 안에 투자를 마치는 스윙 트레이드라면 일봉 차트가 적당하고 몇 개월 혹은 수년간에 걸친 중장기 투자에서는 주봉이나 월봉 등을 참고로 거래 타이밍을 정하게 된다. 하루 안에 거래를 끝내는 데이 트레이드라면 분봉이나 시간봉을 쓸 수도 있다.

　요즘은 인터넷 증권 정보 사이트에서 손쉽게 여러 종류의 봉을 볼 수 있으니 시간 축이 다른 봉을 구사해 적절한 매매 타이밍을 알 수 있도록 하자.

PART

5

이동평균선

이동평균선은 주가 평균선이다
주가가 평균점보다 위에 있다면 향상심이 생기지만
평균점보다 낮다면 의욕도 떨어질 것이다.

만화로 보는 차트 분석

Part 5 이동평균선

추세 분석의
대표적 도구

만화에서 수형은 팀 내 성적에서 평균 이하를 기록했다는 사실에 초조함을 느꼈다. 속상한 마음에 멋쩍게 웃었다가 부장님에게 혼나고 다른 사람들에게도 쓴소리를 듣게 됐다. 평범함을 나타내는 평균점보다 성적이 낮게 나온다면 영업사원으로 문제이긴 하다. 곤란한 수형에게 조언을 건넨 사람은 항상 성적이 좋은 미연 선배였다. 우선 평균점 달성을 목표로 하라는 조언이었는데 목표를 찾은 수형은 영업에 매진해 평균 이상의 성적을 달성하게 된다. 그 결과 부장님에게서 칭찬도 받고 일에 더욱 의욕적으로 임하게 됐다.

어떤 일에서든 평균점을 넘어서느냐의 여부는 중요한 분기점이다. 평균점을 넘지 못한다면 평균점이 목표치가 되고 평균점을 넘었다면 상태 유지의 기준이 된다. 수형이 평균점을 넘어섰을 때 전체 평균이 상승한다는 전체적인 상승효과도 기대할 수 있다. 이렇듯 평균점에는 대단히 중요한 의미가 있다. 기술적 분석에서는 평균점을 이동평균선이라는 개념으로 부른다. 이동평균선은 영어로는 Moving Average라 불리며, 영어 앞글자를 따서 MA로 표기되기도 하니 기억해두자.

봉 차트에 엮이듯 그려지는 이동평균선은 일정 기간 가격(주가 등)의 종가와 평균치를 이은 꺾은선그래프로 그려진다. 이동평균선은 차트를 사용한 기술적 분석의 가장 기본적인 요소로 보통 봉과 함께 차트에 나타나며 추세 분석의 대표주자로 이용되어왔다. 가장 일반적인 기술적 분석 도구로 주가 경향이나 흐름 등 시세의 방향성을 보여주는 단서라고도 할 수 있다. 동향을 도식화해 추세를 파악하게 해준다는 점 외에도 특정 기간에 주식 시장 참가자들이 사고판 평균 가격을 알려주기도 한다.

POINT!

이동평균선은 평균점을 이어놓은 선이다. 평균점을 넘지 못한다면 목표치로, 현재 평균점 이상이라면 저가의 판단 기준이 된다.

단순이동평균선

-
-
-

　이동평균선 중에서는 종가의 평균치를 간단하게 이어놓은 단순이동평균선(SMA)이 가장 일반적이다. 직전 주가에 높은 비중을 두고 계산하는 지수이동평균선(EMA)이나 일정 기간의 가격을 과거 일수록 낮게, 현재에 가까울수록 높게 평가해 산출하는 가중이동평균선(WMA) 등도 있다.

　단순이동평균선에서는 100일 전의 가격과 최근의 가격을 똑같은 무게로 다루며 단순하게 가격의 총합을 일수로 나누어 계산한다. 그러므로 좀 더 세밀하게 시세 변동을 예상하기 위해서 100일

전 수치와 전날 수치를 똑같이 다루는 게 아니라, 직전 움직임에 더 무게를 두는 지수이동평균선과 가중이동평균선이 탄생했다.

지수이동평균선은 과거일수록 개별 가격 데이터의 가중치를 지수함수적으로 줄여서 평균치를 산출한다. 가중이동평균선은 직전의 가격 데이터에 10배의 무게를 주고 그 전 가격 데이터는 9배, 10일 전 가격 데이터는 1의 가중치를 주는 식으로 개별 가격 데이터의 가중을 선형적으로 감소시켜서 평균치를 산출한다. 해외에서는 비교적 자주 이용되는 이동평균선이다.

이동평균선 종류

이동평균선	약어	설명
단순이동평균선	SMA	종가의 평균치를 단순히 이어놓은 평균선
지수이동평균선	EMA	직전 가격에 무게를 두고 산출
가중이동평균선	WMA	과거는 낮게, 직전일수록 높게 평가해서 산출
삼각이동평균선	TMA	기간 중앙인 날에 가중치를 높게 두고 산출
삼각가중이동평균선	SWMA	가중이동평균의 일종, 삼각이동평균과 흡사

직전 가격에 대한 비중을 보면 지수이동평균선이 가중이동평균선보다 높다. 또 직전 가격에 비중을 둔 지수이동평균선과 가중이동평균선은 단순이동평균선보다 움직임에 민감하게 반응하기에 매매 신호가 빠르게 출현할 가능성이 크다는 특징이 있다. 이 외에도 한가운데 날짜에 큰 비중(정수)을 두고 산출하는 삼각이동평균선, 삼각가중이동평균선 등도 있다.

POINT!

일단 종가 평균치를 이은 단순이동평균선을 완전히 정복하자.

중요한 건
기간 설정

-
-
-

이동평균선에서는 일수 등 기간 설정이 큰 역할을 한다. 자주 사용되는 기간 설정을 보면 일봉은 5일, 25일, 75일, 100일, 200일. 주봉은 9주, 13주, 26주, 52주, 월봉은 6개월, 12개월, 24개월, 60개월이다. 그중에서도 일봉은 5일과 25일, 주봉에서는 13주와 26주가 가장 일반적으로 사용된다.

이동평균선 계산식은 과거 N일 간의 (거래된 날로부터) 종가 평균치를 사용한다. 주가일 경우 배당이나 주식 분할 등 각종 권리락은 수정해서 산출한다. 5일 이동평균선의 데이터 계산식은 (당일 종가+

전일 종가+2일 전 종가+3일 전 종가+4일 전 종가)÷5다. 하루가 지날 때마다 당일의 새로운 주가를 반영하고 가장 오래된 주가를 하나씩 빼서 매일 같은 계산을 반복해 5일간 평균치를 하나의 선으로 이으면 5일 이동평균선이 된다. 뒤에서 자세히 설명하겠지만, 5일 이동평균선은 지지선, 저항선 등으로 자주 이용된다.

기본적인 이동평균선 기간(일수)

일봉	5일, 25일, 75일, 100일, 200일	단기, 중기 추세를 읽을 때 가장 인기 있음
주봉	9주, 13주, 26주, 52주	중장기적인 시세 방향성을 읽기 위해
월봉	6개월, 12개월, 24개월, 60개월	장기 추세를 읽기 위해 이용

※기간(일수) 색깔이 다른 것은 주로 이용되는 수치

단순이동평균선 계산식

N일 혹은 N주 등의 이동평균선

$$\left(\text{직전 종가} + \text{하나 전 종가} + \text{둘 전 종가} \cdots + \text{(N-1) 전 종가} \right) \div N$$

예) 5일 이동평균선
5일 이동평균선=(당일 종가+어제 종가+2일 전 종가+3일 전 종가+4일 전 종가)÷5

5일 이동평균선과 25일 이동평균선을 사용하는 일봉 차트는 단기 추세를 읽는 데 활용되며, 13주 이동평균선(과거 약 3개월간 주가 평균)과 26주 이동평균선(과거 약 6개월간 주가 평균)을 그린 주봉 차트는 중기적인 시세 방향성을 파악할 때 활용된다.

일봉 차트에 200일 이동평균선을 더하고 5일 이동평균선 및 25일 이동평균선이 이를 넘어서거나 아래로 떨어지면 시세의 큰 전환기로 판단하기도 한다.

5일, 25일선은 단기, 13주, 26주선은 중장기 방향성을 읽는다.

기본 활용법 ①
이동평균선 방향과 봉의 위치

-
-
-

이동평균선이 위를 향한다면 시세는 상승 추세, 횡보라면 방향성이 없는 수렴이나 혼란 국면, 아래 방향이라면 하락 추세라고 판단한다. 봉이 이동평균선보다 위에 있다면 강세장, 아래에 있다면 약세장으로 보기도 한다.

봉을 위쪽에 두고 이동평균선이 상승하는 형국에서 이동평균선이 봉의 지지선 역할을 하는 경우가 가끔 있다. 기조가 강하고 추세가 상승을 시사하고 있다면 상승하는 이동평균선이 단기 가격 이동의 기준점이 되는 것이다. 반대로 이동평균선 아래에 봉이 있으면서 이동평균선이 하락 형국이라면 저항선 역할을 하기도 한다. 주가 회귀 시 기준이 된다는 뜻이다.

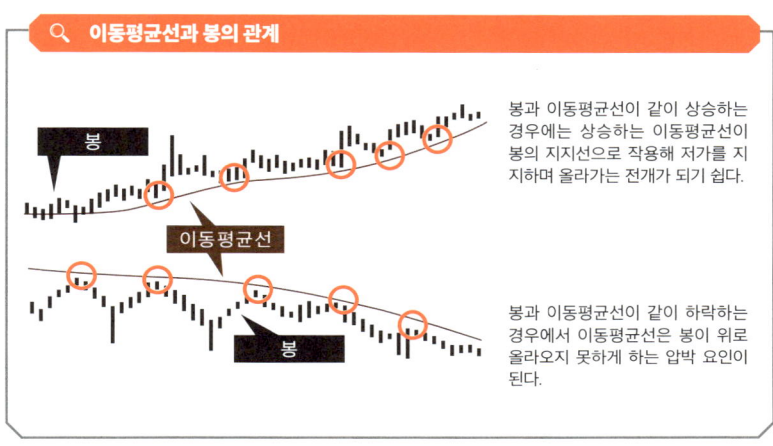

이동평균선과 주가가 크게 멀어지는 때도 매매를 고려해야 하는 순간이다. 호재가 등장하는 등 어떠한 요인으로 주가가 급등해 이동평균선에서 크게 상향으로 멀어지면 고점에 대한 경계감이 생긴다. 악재가 등장하면서 주가가 급락해 이동평균선에서 크게 하방으로 멀어지면 곧 다시 회복하리라는 기대가 형성된다.

현재 주가가 이동평균선에서 얼마나 떨어져 있는지를 퍼센티지로 표시한 것을 '이동평균선 괴리율'이라고 하는데, 이는 Part 9에서 소개할 오실레이터형 지표 중 하나다. 이동평균선과 주가가 너무 멀어진, 괴리율이 높은 상태는 주가가 위아래로 너무 움직였다는 뜻이다. 결과적으로 주가는 이동평균선으로 돌아오면서 과도한 상태를 수정하려는 움직임을 보여주게 된다. 이동평균선 괴리율은 주가의 고점과 저점 그리고 시세 반전 타이밍을 예상할 수 있어 주로 역추세추종형 투자에서 효과를 발휘한다.

이동평균선과 봉의 관계

❶처럼 이동평균선에서 봉이 크게 아래 방향으로 멀어지면 다시 이동평균선에 접근하려는 움직임이 시작된다. 하지만 ❷처럼 멀어지더라도 잠깐 아래로 주가가 내려가는 수도 있으니, 이동평균선의 상하 괴리율을 판단할 때는 신중할 필요가 있다.
❸처럼 주가 조정(하락) 후, 하락 추세에서 반등해 위로 올라가려는 이동평균선이 주가의 지지선처럼 작용하는 예도 있다.

종목에 따라 다르지만 5일 이동평균선으로 10%, 25일 이동평균선으로는 15%에서 20% 이상 멀어지면 이동평균선으로 다시 돌아가려는 움직임이 일어난다고 한다. 다만 굳이 위험을 자초할 필요는 없다. 주가가 이동평균선에서 아래 방향으로 멀어져 있는 상태라면 위험성이 크기 때문에, 반드시 신중하게 판단해야 한다.

만화에서는 수형의 노력이 빛을 발해 영업부의 평균점을 상승시켰다. 부장님이 칭찬하며 웃는 것을 보니 영업부 전체의 성적도 오른 것이 분명하다. 수형의 성적 향상이 영업부 전체의 성적 향상과도 이어지리라는 기대도 커진다.

POINT! 봉이 상승 기조의 이동평균선보다 위에 있다면 강세장, 아래에 있다면 약세장임을 암시한다.

기본 활용법 ②
골든크로스와 데드크로스

-
-
-

이동평균선은 통상적으로 5일 이동평균선과 25일 이동평균선 그리고 13주 이동평균선과 26주 이동평균선 중에서 두어 가지 선을 그려 사용한다. 두 이동평균선이 만나면서 나타나는 가장 유명한 매매 신호가 골든크로스(GC)와 데드크로스(DC)다.

골든크로스는 단기 이동평균선(5일선, 13주선)이 중장기 이동평균선(25일선, 26주선)을 아래에서 위로 뚫는 모습을 말한다. 상향 기조로 바뀐다고 보기 때문에 일반적으로 매수 신호로 취급되며 추세의 상승 국면 진입을 시사한다.

데드크로스는 단기 이동평균선(5일선, 13주선)이 중장기 이동평균선(25일선, 26주선)을 위에서 아래로 뚫은 모습을 가리킨다. 데드크로스는 매도 신호로 해석되며 추세의 하락 국면 진입을 시사한다. 해외에서는 데스크로스라고도 한다. 통상적으로는 단기 이동평균선이 이미 하락 국면에 들어가 있는 경우에 보이기 때문에 실제 가격 형성보다 늦게 나타나는 성질이 있어 주의해야 한다.

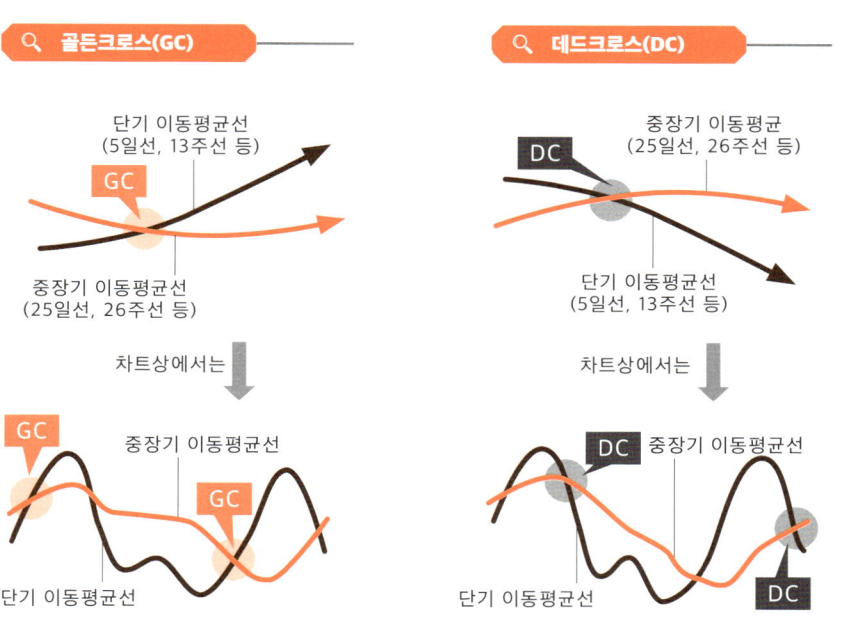

골든크로스에도 주의해야 하는 점이 있다. 이동평균선이 하락하는 추세 속에서 발생한 경우에는 추세 상승 국면으로 올라가지 않는 속임수가 되기도 하므로 신중해야 한다.

 골든크로스는 매수 신호, 데드크로스는 매도 신호다. 속임수에 주의하자.

그랜빌의 법칙—
여덟 가지 매매 포인트

기술적 분석에서 이동평균선을 사용한 가장 유명한 법칙으로 그랜빌의 법칙이 있다. 1960년대 월스트리트에서 근무하던 기자이자 저명한 차티스트 조셉 그랜빌(Joseph Granville)이 만들어낸 개념이다. 이동평균선과 주가의 위치 관계를 기반으로 매매 신호를 정리하는 법칙이며, 주식 시장에 널리 보급된 이동평균선을 활용한 기술적 분석으로 알려져 있다.

그랜빌의 법칙은 이동평균선과 주가의 괴리율 모양, 방향성에 주목해 주가의 행보를 판단하는 주식투자이론으로 네 가지 매수 신호와 네 가지 매도 신호를 합쳐 총 여덟 가지 패턴으로 정리된다.

매수 신호

① 이동평균선이 어느 정도 하락 상태를 지속하다가 횡보 상태가 되거나 약간의 상승 기조로 바뀐 후, 주가가 해당 이동평균선을 아래에서 위로 뚫었을 때.

② 상승 추세에 있는 이동평균선을 주가가 아래로 돌파한 후 재상승할 때.

③ 주가가 이동평균선보다 크게 상향으로 멀어진 후 하락했지만, 이동평균선까지 떨어지지 않고 다시 상승했을 때.

④ 주가가 하락 기조의 이동평균선 아래에 있으며 이동평균선에서 크게 아래로 멀어졌을 때(반발 기대).

매도 신호

⑤ 이동평균선이 어느 정도 상승 상태를 지속하다가 횡보 상태가 되거나 약간의 하락 기조로 바뀐 후, 주가가 해당 이동평균선을 위에서 아래로 뚫었을 때.

⑥ 하락 추세에 있는 이동평균선을 주가가 위로 돌파한 후 재하

락 할 때.

⑦ 주가가 이동평균선보다 크게 하방으로 멀어진 후 상승했지만, 이동평균선까지 오르지 못하고 다시 하락했을 때.

⑧ 주가가 상승 기조인 이동평균선 위에 있고 이동평균선에서 크게 위로 멀어졌을 때(급락 가능성).

가장 일반적인 매매 기술 법칙이니 꼭 기억해두자.

그랜빌의 법칙은 200일 이동평균선이 기본이지만 투자 상황에 따라 5일, 25일 등으로 나눠 사용할 수 있다.

● 그랜빌의 법칙 8가지 매매 포인트

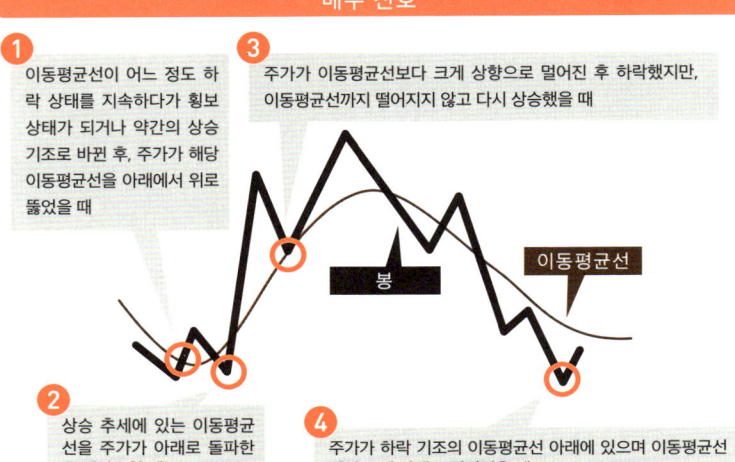

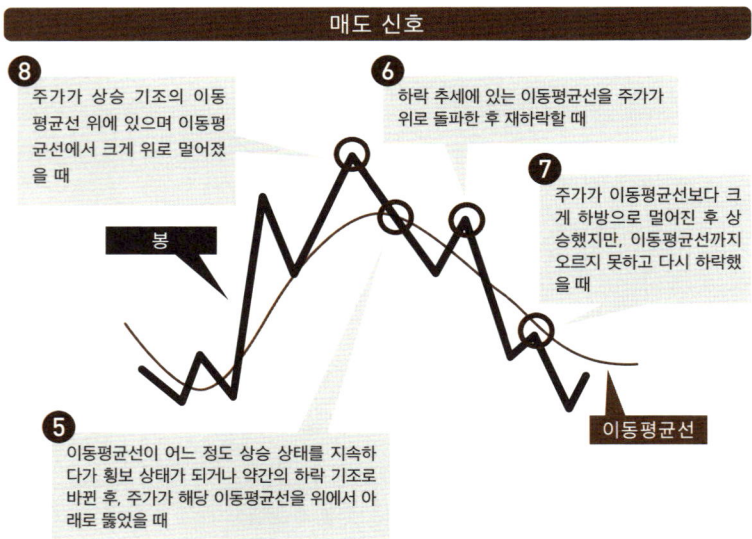

추세를 읽어내는
힘

-
-
-

기술적 분석에서 이동평균선, 괴리율 등은 주가 추세 전환, 고점과 저점 파악, 매매 시기를 점칠 때 강력한 도구가 된다. 다만 거래량이 적고 주가 변동률이 높은 종목은 이동평균선에 속임수가 많이 발생하므로 활용에 적절치 않은 때도 있다.

하지만 이동평균선의 활용 방법을 알고 있으면 주가 차트나 시세의 향방을 읽는 힘을 키울 수 있다. 스스로 봉 차트를 그리고 이동평균선을 일일이 계산해야 하는 시대는 이미 지났다. 온라인 증권 사이트가 가진 다기능 차트에는 기술적 지표를 간단히 확인할 수 있는 편리한 기능이 가득하다. 이들을 활용해서 시세를 판단하려는 훈련을 시작할 때, 이동평균선은 가장 기초가 될 것이다.

POINT!

투자자 인기 순위 1위인 이동평균선은 스마트폰이나 컴퓨터로 쉽게 확인할 수 있다.

PART
6

MACD

이직이나 결혼처럼 인생에는 큰 전환점이 있기 마련이다.
인생에서는 나중에서야 그때가 전환점임을 깨닫게 되지만,
주가 추세에는 눈에 띄는 신호가 있다.

만화로 보는 차트 분석

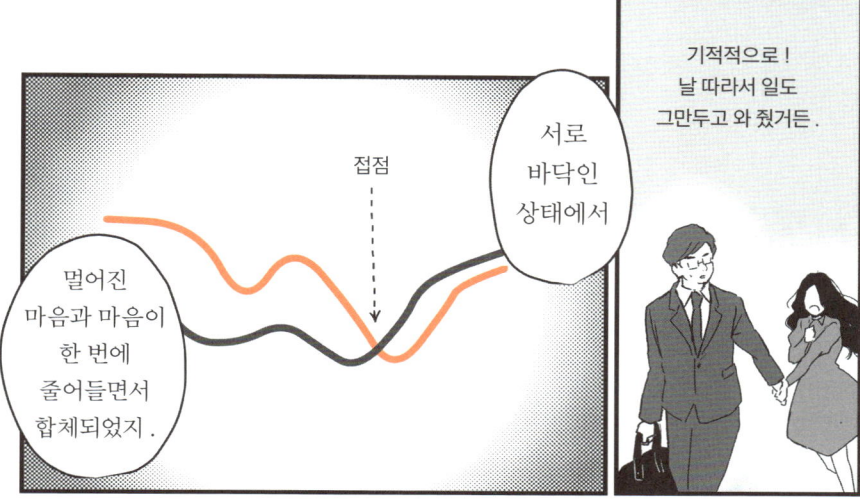

Part 6 MACD

기술적 분석으로
파악하는 추세 전환

인생에는 여러 전환기가 있다. 전학, 이직, 결혼 등 사람마다 각자의 전환기가 있을 것이다. 부장님 부부는 전근을 계기로 마음의 거리가 갑자기 가까워졌으니 전근이 인생의 전환기였다 할 수 있다.

때로는 스스로 깨닫지 못하고 주변 사람이 먼저 전환기를 눈치채기도 한다. 전환기에는 또렷하게 알 수 있는 명확한 지표 등이 없기 때문이다. 나중에 과거를 뒤돌아봤을 때 '아, 그때가 전환기였구나' 하고 눈치채는 경우가 많을 것 같다.

이와는 달리 주가의 움직임은 기술적 분석을 이용해 전환기의 신호를 알아낼 수 있다. 신호는 사람에 따라 다르게 해석되지 않는다. 해당 기술적 분석을 사용하고 있는 사람 모두가 알 수 있는 신호로 해석된다. 단, 기술적 분석의 고찰 방법이나 보는 방법에 따라 지점을 다르게 읽는 경우는 있지만.

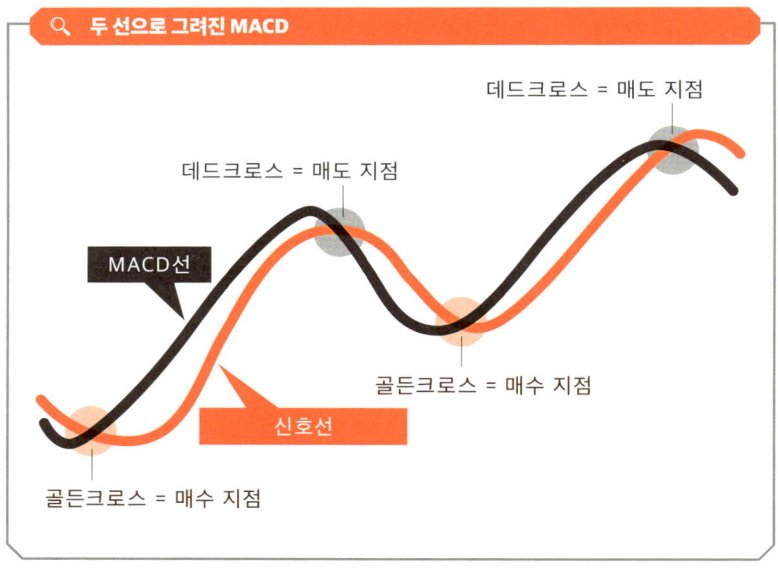

기술적 분석 중에는 주가 추세의 전환기를 민감하게 감지해 매매 타이밍을 판단하는 추세형 지표가 여럿 있다. Part 2에서 설명한

봉 분석도 추세 전환기를 찾아내는 도구이며 이동평균선(Part 5)과 볼린저 밴드(Part 7) 또는 일목균형표(Part 8) 등의 지표도 주가 추세의 전환기를 찾아내기 위한 분석 수법이다.

기술적 분석에는 오실레이터형이라 불리는 지표도 많다. 오실레이터란 진동이라는 의미로 과매도나 과매수를 판단하는 지표를 뜻한다(Part 9에서 RSI와 스토캐스틱이라는 오실레이터형 지표를 소개한다). 이번 장에서 소개하는 MACD는 추세형이 중심이긴 하나, 오실레이터형의 장점도 가지고 있는 유용한 기술적 지표이다. 제대로 익혀서 거래의 정확도를 올려보자.

직전 움직임의
민감한 포착

-
-

그러면 MACD를 어떻게 보는지 자세히 들여다보도록 하자. MACD는 Moving Average Convergence Divergence의 약자다. 해석하자면 이동평균 수렴확산 지수라는 뜻으로, 봉 차트 위에 그려지는 이동평균선 분석을 발전시켜 기술적 분석 중에서도 많은 투자자의 지지를 얻고 있다. SMA(단순이동평균)보다 분석 정확도가 높으며 추세가 형성된 상황에서는 큰 힘을 발휘한다.

> **Q 계산식**
>
> 단기 EMA(지수이동평균선)-장기 EMA = MACD선
> MACD 자체의 EMA = 신호선

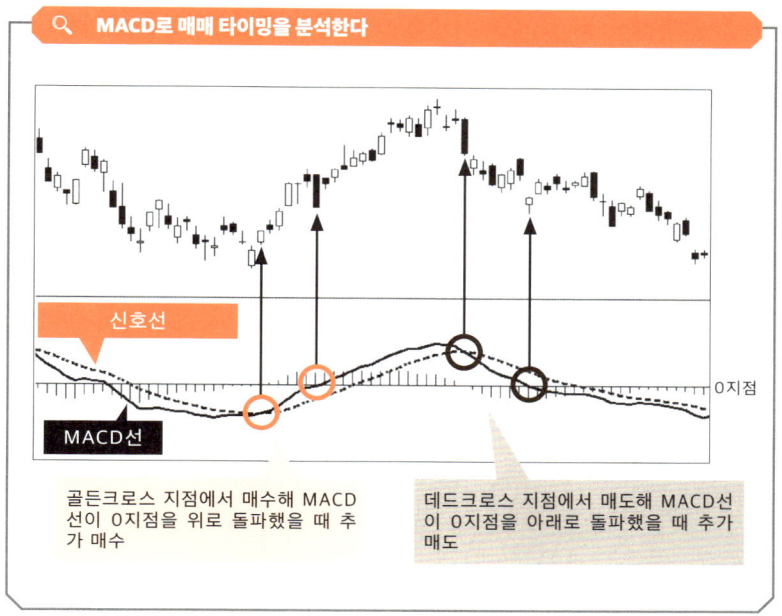

MACD는 MACD선과 신호선이라는 두 선으로 형성된다. 각각 위와 같은 계산식으로 산출되며 선을 연결해서 그래프로 나타낸다. SMA만이 아니라 EMA가 사용되었다는 점이 중요하다. 단순한 이동평균선과는 다르게 직전 움직임에 비중을 두고 있기에 시세 변화에 민감하게 반응한다는 특징이 있다. MACD에서는 EMA를 기본으로 두 선의 동태(추이, 간격 확대, 축소, 교차 등)로 추세를 읽어나가게 된다.

이동평균선을 형성하기 위한 기간은 일봉 차트일 때 보통 단기 EMA는 12일로 장기 EMA는 26일 그리고 신호선을 9일로 설정한다. 분석 정확도를 더 끌어올리기 위해서 종목이나 시장 동향에 따라 기간을 조정할 필요가 있겠지만, 이는 기술적 분석이 익숙한 사람에게 해당하는 말이다. 일단 위와 같은 기간 설정이면 충분하다.

MACD에서 매매 신호를 발견하는 방법은 아주 간단하다. 0지점보다 아래에서 MACD선이 신호선을 아래에서 위로 돌파하는 골든크로스가 나타났을 때가 매수 지점이다. 반대로 0지점보다 위에서 MACD선이 신호선을 위에서 아래로 돌파하는 데드크로스가 나타났다면 매도 지점이다.

또 MACD선과 신호선이 교차하는 각도가 크면 클수록 더욱 강한 추세 전환의 신호로 볼 수 있다. MACD의 골든크로스와 데드크로스를 기억하기만 해도 매매 타이밍이 상당히 정확해질 것이다. 매매 타이밍을 자주 놓친다면 우선 이 두 가지 교차를 유심히 관찰하는 것부터 시작해보자.

MACD는 이동평균선(MA)의 친척 같은 지표다. 0지점 아래에서 등장하는 골든크로스가 매수 지표다!

히스토그램의
0지점

MACD에는 MACD선과 신호선 외에도 두 선의 차이, 즉, 괴리를 나타내는 히스토그램이라는 지표가 있다. 주로 막대그래프로 표시되는데, 두 선의 움직임을 더 상세하게 잡아내기 위한 도구다.

히스토그램은 무슨 의미일까? 두 선의 차이로부터 표시된 그래프이므로, 두 선이 교차한 지점(히스토그램 0지점)에서 골든크로스나 데드크로스가 출현한다. 이때가 첫 매수 지점이다. 또 MACD선이 히스토그램 0지점을 넘어서면 그 상승 추세가 진짜라고 판단할 수 있으므로 이때 추가 매수를 해야 한다(150쪽 차트 참조). 데드크로스는 첫 매도 지점이며 0지점을 밑돌 때가 추가 매도 지점이다.

MACD 0지점은 밑에서 위로 올라가면 상승 추세가 강해지고 위에서 아래로 떨어지면 하락 추세가 강해진다고 여겨지므로 꼭 확인해야 한다.

히스토그램 그래프가 하락에서 상승으로 전환되는 포인트인 '바텀 아웃(최저점)'은 MACD 골든크로스보다도 먼저 형성되기 때문에, 매수 신호 중 가장 빠르게 나타난다. 히스토그램만으로는 추세 전환 신호로 보기 약하기 때문에 이것만 보고 매매 타이밍을 결정하는 것은 위험한 행위다. 히스토그램은 추세가 변할 것이라는 신호 중 하나며 MACD에 골든크로스나 데드크로스가 나타날 가능성이 있다는 정도로만 인식하면 좋겠다.

MACD선이 0지점을 넘어서면 추가 매도의 청신호다.

히스토그램에서 볼 수 있는 것

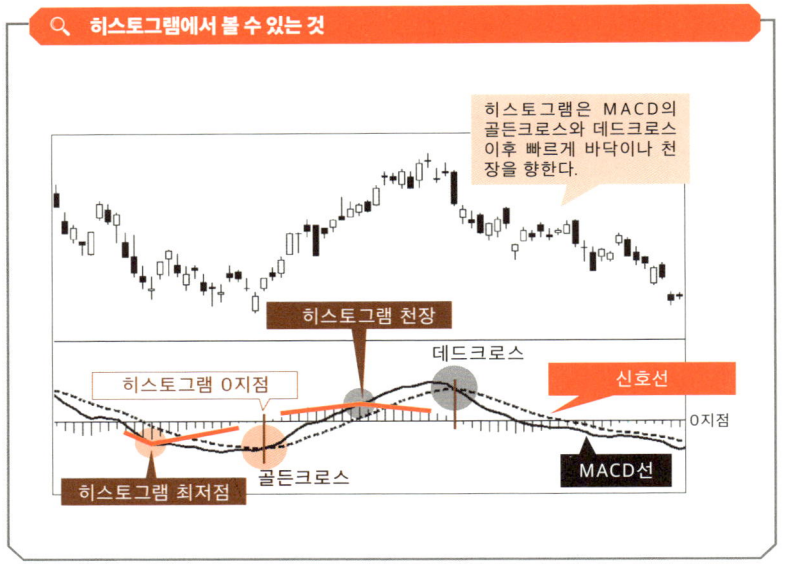

주가와 지표가 반대로 움직이는
다이버전스

-
-
-

조금 더 자세히 MACD를 살펴보자. MACD는 이동평균선을 기반으로 한 기술적 지표이므로 주가가 오르면 MACD를 구성하는 두 선도 상승 경향을 보인다. 하지만 때로 MACD와 주가가 반대로 움직이기도 한다. 주가는 오르고 있는데 MACD의 두 선은 떨어지거나, 주가가 내려가고 있는데 MACD 두 선은 올라가는 형국이다. 추세 방향을 나타내는 오실레이터형 기술적 지표에서 이렇게 주가와 지표가 반대 방향으로 움직이는 현상을 다이버전스라 한다.

MACD에서 다이버전스가 발생했다면 당장 주가 자체는 오르고 있지만, 상승 추세 자체는 끝나가고 있다고 판단할 수 있다. 주가가 내려가고 있는데 MACD는 상승하는 다이버전스가 발생한다면 하락 추세가 끝나가고 있다고 추정되며 이를 주가 반전의 신호로 본다. 매수 기회가 가까워졌다고 생각하면 된다. (하단 차트 참조)

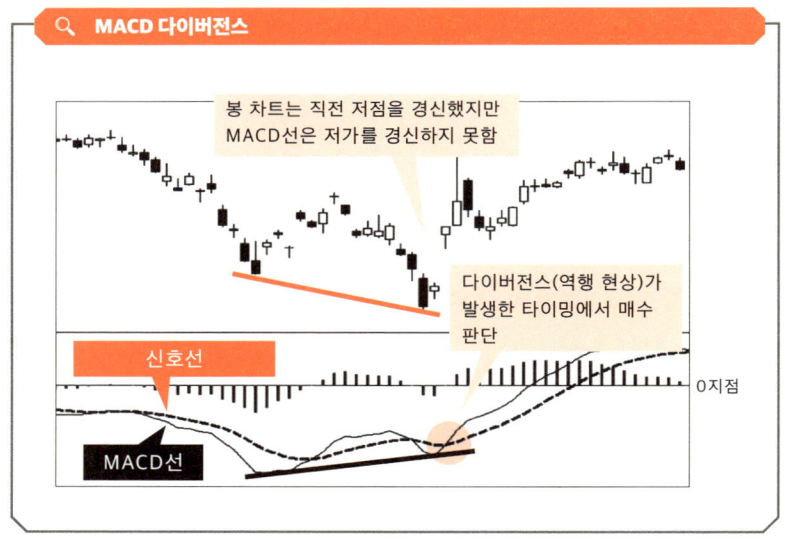

이동평균선보다 빠른
골든크로스

-
-
-

이번에는 봉 차트 위에서 SMA와 MACD의 움직임을 보자. 이번 장 초반에 설명한 것처럼, MACD는 이동평균선 중에서도 EMA

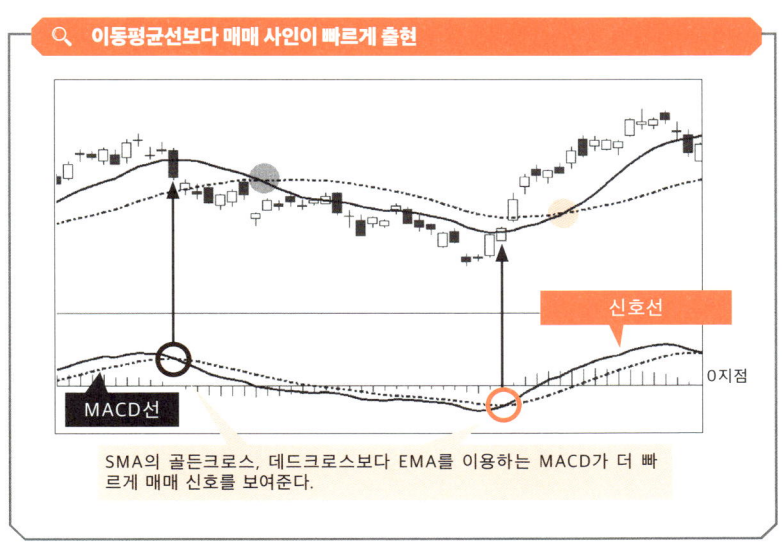

이동평균선보다 매매 사인이 빠르게 출현

SMA의 골든크로스, 데드크로스보다 EMA를 이용하는 MACD가 더 빠르게 매매 신호를 보여준다.

를 기반으로 하기 때문에, 직전 움직임에 민감하게 반응한다. 이는 SMA보다 MACD에서 매매 신호가 더 빨리 출현한다는 의미이기도 하다.

앞의 차트에서는 봉 차트 위 이동평균선보다 MACD에서 먼저 골든크로스와 데드크로스가 나타난 것을 볼 수 있다. 이 현상을 실전에서 제대로 활용할 수 있다면 매매 타이밍을 더욱 정확하게 파악하게 될 것이다. 단순이동평균선만으로 매매 시기를 판단할 때보다 MACD를 사용했을 때 저점에서 빠르게 매수하거나 손실이 커지기 전에 재빨리 매도할 수도 있다.

봉 차트에서 SMA는 골든크로스나 데드크로스의 출현이 늦어 생각보다 이익을 내지 못할 때도 있다. 하지만 신호가 비교적 빨리 나타나는 MACD에서는 그 신호가 속임수가 될 가능성에 주의해야 한다. 속임수는 기술적 분석의 매매 신호가 발생했지만 이후 주가가 신호와는 반대로 움직이는 현상을 말한다. MACD만이 아니라 모든 기술적 분석에서 나타날 수 있다. 하나의 기술적 지표를 깊게 연구하려는 시도는 좋은 일이지만, 지표 하나만을 과신하면 큰 손실로 이어질 가능성이 있다. MACD 골든크로스(데드크로스)를 첫 번째 매매 신호, 이동평균선 골든크로스(데드크로스)를 두 번째 매매 신호로 생각하고 거래에 임하면 좋을 것이다.

MACD의 골든크로스, 데드크로스는 이동평균선보다 빠르게 매매 신호가 나타난다. 속임수에 유의하며 거래에 임하자.

각 종목에 가장 적합한
기술적 지표

MACD는 움직임에 확실한 추세가 있을 때 정확도가 높은 분석 수법이다. 그 때문에 많은 투자자의 지지를 얻고 있으나 약점도 있다. 주가가 일정 폭 내에서 상하 운동을 하는 박스권 장세, 삼각수렴 등의 상황에서는 그다지 유효하지 않다는 점이다. MACD는 추세 파악에 좋은 도구지만 추세가 약하거나 횡보 상태라면 그 강점이 별로 발휘되지 않는다.

그렇기에 박스권 장세에 강한 다른 기술적 지표와 조합하면 좋다. MACD는 오실레이터형 기술 지표(주가의 과매도, 과매수를 판단하는 지표)인 RSI와 비교적 연관성이 높다고 알려져 있다. RSI에 대해서는 Part 9에서 상세히 다룰 예정이니 아울러 확인하기 바란다.

어느 기술적 지표라도 마찬가지지만, 종목에 따라 적절한 매매 시기를 판단할 수 있는 지표가 다르다. 어느 종목에서는 MACD 신호가 적절한 매매 타이밍을 줄 때도 있고 어느 종목에서는 다른 기술적 지표가 가장 적절할 수 있다. 과거에는 어떤 기술적 지표가 딱 들어맞았는데 시간이 지나면서 달라질 가능성도 있다. 이런 문제를 해결하기 위해서는 여러 기술적 지표를 확인해야 한다. 종목마다 현재 어느 기술적 분석이 유용한지도 반드시 고려해야 한다.

이런 작업이 번거롭겠지만 모두 여러분의 소중한 자산을 위해서다. 인터넷 증권 사이트에서는 봉 차트부터 여러 기술적 차트까지 다양한 도구들을 제공하므로, 눈에 조금만 익숙해져도 바로 차트를 활용할 수 있을 것이다.

점에도 점성술, 타로, 성명학, 관상, 손금 등 여러 종류가 있다. 해몽이나 동물점 같은 것도 있다고 들었다. 나는 점을 잘 알지는 못하지만, 각각의 점에 장점이나 특징이 있고 어떤 점이 가장 잘 맞는지 단언할 수 없다는 사실은 안다. 점을 보는 시기나 점의 내용에 따라서도 달라질 것이다.

이와 비슷하게 기술적 지표도 어느 것이 최고의 지표인지를 속단할 수는 없다. 무엇이 각 종목에 가장 잘 맞는 지표인지는 주가의 움직임과 여러 기술적 지표를 관찰하다 보면 서서히 윤곽을 드러낼 것이다. 종목마다 잘 맞는 도구가 무엇인지 잘 지켜볼 것을 권한다.

시세 상황, 종목, 투자 시기 등을 고려하여 어느 기술적 분석이 최고인지 판단해야 한다!

PART

7

볼린저 밴드

차선을 벗어나서 달리는 차는 굉장히 위험하다.
주식이나 환율도 안전하게 달리기 위한 도로 폭이 정해져 있다.

만화로 보는 차트 분석

밴드로 판단하는
시장의 추세와 강약

-
-
-

Part 7에서는 추세 분석 도구로 알려진 볼린저 밴드를 소개한다. 볼린저 밴드는 이동평균선과 표준편차로 이루어지는데, 이동평균을 나타내는 선과 이동평균선 상하에서 움직임 폭을 나타내는 선(밴드)을 기반으로 투자 판단을 내리게 된다. 높은 확률로 주가가 밴드 안에 수렴한다는 통계학을 응용한 지표다.

볼린저 밴드에서는 봉 차트에 보통 다섯 개 라인이 그려진다. 라인은 위에서부터 +2σ(시그마), +1σ, 이동평균선, -1σ, -2σ로 나뉜다. 이 다섯 개 라인으로 구성된 밴드의 폭이나 기울기, 수축 등으로 추세와 강약을 판단한다. +3σ, -3σ를 더해 일곱 개 라인으로 구성되기도 한다.

주가가 볼린저 밴드 ±1σ 범위 내에 존재하게 될 확률은 68.3%, ±2σ 범위 내가 될 확률은 95.4%, ±3σ 범위 내가 될 확률은 99.7%에 육박한다.

±2σ를 넘는 주가는
비정상

도로에서는 주행을 위한 차선이 정해져 있다. 종종 졸음운전으로 인한 차선 침범이나 역주행이 뉴스에 나오지만, 대다수는 정해진 폭의 차선 안에서 안전 운전에 힘쓰고 있을 것이다. 주가도 이와 같다. 주가도 보통 일정 범위(밴드 안)에서 상하 운동을 반복하며 일시적으로 해당 범위에서 벗어나더라도 기존의 범위 안으로 돌아가려는 경향이 있다.

앞에서 말한 대로 주가가 ±2σ 범위 내에 존재할 확률은 95.4%이기에 이 폭에서 벗어나는 경우는 상당히 이례적이라고 할 수 있다. 운전으로 말하자면 졸음운전으로 차선을 크게 벗어난 것과 마찬가지로, 결코 있어서는 안 되는 비정상적인 사태다. 차선을 크게 벗어날 때는 오직 고속도로에서 벗어날 때뿐이다.

POINT!
주가가 ±1σ 안으로 들어올 확률은 약 68.3%, ±2σ는 약 95.4%, ±3σ는 약 99.7%

🔍 볼린저 밴드 계산식

① 표준편차 계산식

$$표준편차(\sigma) = \sqrt{\frac{\Sigma(n일간종가 - n일간평균값)^2}{n일}}$$

② 볼린저 밴드 계산식

±1σ = n일 이동평균 ± n일 표준편차
±2σ = n일 이동평균 ± n일 표준편차 × 2
±3σ = n일 이동평균 ± n일 표준편차 × 3

● 가격이 밴드 내에 들어갈 확률

볼린저 밴드 ±1σ 범위 내에 들어갈 확률 약 68.3%
볼린저 밴드 ±2σ 범위 내에 들어갈 확률 약 95.4%
볼린저 밴드 ±3σ 범위 내에 들어갈 확률 약 99.7%

볼린저 밴드의 계산식은 위와 같지만 어렵게 생각하지 않아도 괜찮다. 심지어 스스로 계산할 필요도 없다. 온라인 증권 정보 사이트 등에서 간단히 구할 수 있기 때문이다. 밴드를 확인하고 싶은 회사의 종목 코드만 입력하면 누구나 쉽게 확인할 수 있다.

어느 기간의 이동평균 수치를 사용할지는 단기 매매나 중장기 투자 등 상황에 따라 다르겠지만 일봉이라면 5일이나 25일처럼 되도록 많은 투자자가 보는 수치가 좋다. 수치 설정도 필요에 따라 입력만 하면 순식간에 컴퓨터나 핸드폰이 밴드를 화면에 표시해줄 것이다.

다른 오실레이터형이나 추세형 기술적 분석과 다르게 볼린저 밴드는 추세추종과 역추세추종 모두 활용할 수 있어서 여러모로 편리한 기술적 분석으로, 투자자들이 널리 활용하고 있다. 그러면 실제 사용 방법과 포인트를 설명해보겠다.

주가 추세를 따르는
추세추종형

-
-
-

먼저 내가 가장 신뢰하는 변동성 돌파(Volatility Breakout) 전략이라 불리는 추세추종형 방법부터 설명하자. 큰 움직임이 없는 장에서 변동성을 발견하고 매매 판단을 할 때 주로 사용되는 방법이다. 볼린저 밴드에서는 시세 움직임이 둔할 때는 밴드 폭이 줄어들고 시세 움직임이 클 때는 밴드 폭이 커진다. 밴드 폭이 좁아졌을 때 움직임을 지켜보다가 종가가 ±2σ에서 벗어나면 바로 추세에 편승해 진입한다. 밴드 폭이 좁은 시기가 길수록 돌파 시 변동성이 커진다고 예측한다.

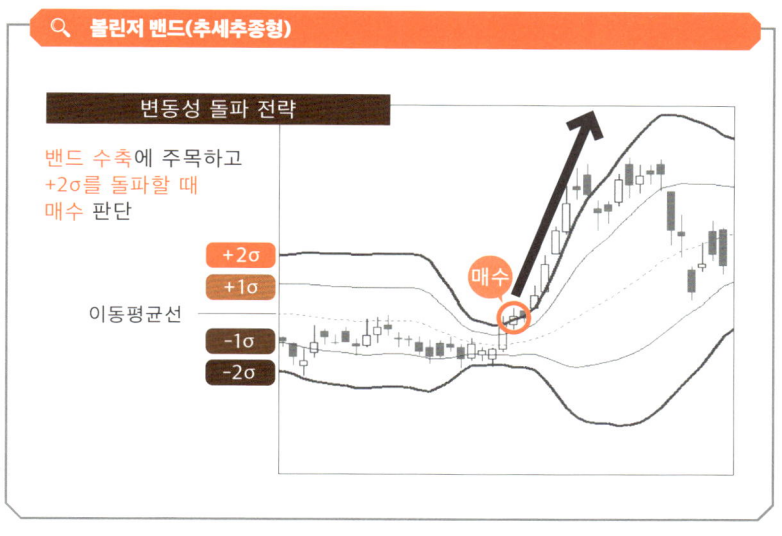

추세추종형 변동성 돌파 전략에서는 종가가 ±2σ 폭을 넘어섰을 때, 즉 주가가 비정상일 때에 진입하게 되므로 여태까지의 설명과 조금 다르다고 느낄지도 모르겠다. 진입 판단 기준은 볼린저 밴드의 밴드 폭이 수축해서 좁아졌을 때라는 점을 기억하자. 이런 국면에서 주가가 ±2σ를 넘어선다는 것은 이제 시세에 기세가 붙어 밴드 폭이 넓어지리라 예측된다는 뜻이다.

위 차트는 변동성 돌파의 예시로 밴드가 한 점으로 몰린 후

+2σ를 벗어난 때부터 밴드 폭이 넓어지면서 주가는 +2σ 라인에 따라 계속 상승하고 있다. 진입은 종가가 +2σ를 밑도는 때나 밴드가 한 점으로 수축하기 시작했을 때가 적기다.

POINT!

장이 횡보 상태에 빠져 밴드 폭이 좁아졌다면 주목하자. 종가가 ±2σ를 넘어섰을 때 추세추종으로 진입해야 한다.

시세의 일시적 하락을 노리는
밴드워크 활용

변동성 돌파는 시세 전환점을 빠르게 파악해 상승 혹은 하락장의 추세를 따라가는 투자 수법이다. 추세가 계속되면 주가는 이동평균선과 ±2σ 라인, 혹은 ±1σ 라인과 ±2σ 라인 사이에서 상하 운동을 반복하면서 추세 방향으로 움직인다. ±2σ 라인을 따라 봉이 늘어서는 상태를 밴드워크라 부른다. 밴드워크가 나타날 때는 일시적으로 하락세를 보일 때를 노려 진입해야 한다.

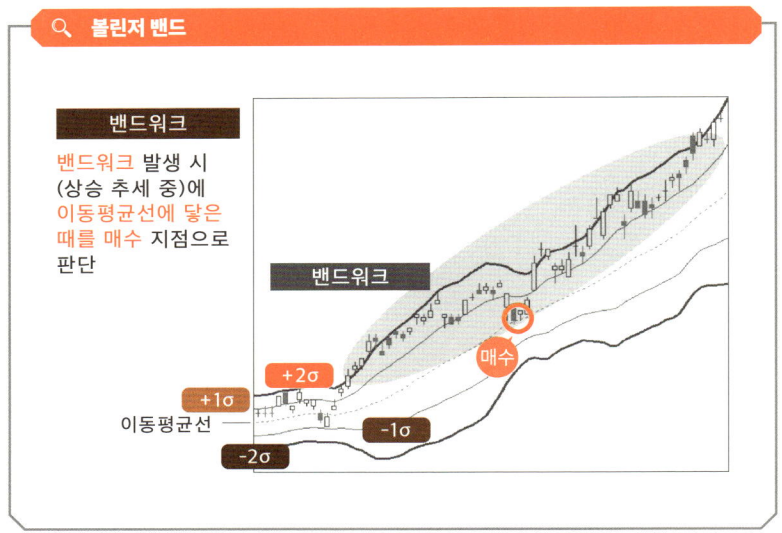

위의 차트는 밴드워크 안에서의 주가 움직임이다. 볼린저 밴드의 밴드 폭이 좁아지고 종가가 +2σ를 넘어서면서 상승 추세가 시작되었다. +2σ 라인에 따라 봉이 늘어서는 밴드워크가 발생해 상승 추세가 이어졌으나, 상승 과정에서 주가가 일시적으로 하락해 중심선인 이동평균선에 닿았다. 이때가 매수 지점이다.

±2σ에 따라 봉이 늘어서는 밴드워크 시에는 일시적으로 주가가 내려갈 때를 노려 매수하고 추세가 회복되기를 기다린다.

박스권은 과대등락을 노린
역추세추종 투자

마지막으로 어떻게 볼린저 밴드를 이용해서 박스권 장세에서 역추세추종 투자를 하는지를 소개한다. 앞서 만화에서 나온 자동차 주행을 생각하면 쉽다. 주가가 밴드 내에 들어올 확률은 다음과 같다.

- 볼린저 밴드 ±1σ 안으로 들어올 확률 약 68.3%
- 볼린저 밴드 ±2σ 안으로 들어올 확률 약 95.4%
- 볼린저 밴드 ±3σ 안으로 들어올 확률 약 99.7%

주가가 ±2σ를 돌파했다면 대단히 드문 비정상적인 상황이다. 이 타이밍을 노려 역추세추종 투자로 진입해 주가가 정상치로 돌아오기를 기다리는 것이다. 굉장히 쉬워 보이는 방법이지만 반드시 주가 수렴이 이어지고 있는 박스권 장세에서 활용해야 한다는 점은 주의해야 한다. 변동성 돌파나 밴드워크에서 설명했듯이 주가 방향성이 명확한 국면에서는 ±2σ를 돌파하는 경우가 드물지 않기 때문이다.

±3σ까지 표시하면
승률이 높아진다

　박스권 장세에서 역추세추종 투자로 활용하는 경우, ±1σ에서 ±2σ를 지지선 혹은 저항선으로 삼고 주가가 –1σ에서 –2σ까지 떨어질 때 매수, +1σ에서 +2σ까지 올랐을 때 매도로 판단한다. 기술적 분석에서는 보통 ±2σ까지 표시하지만, 확률 약 99.7%인 ±3σ까지 표시해서 ±2σ 기준으로 투자한다면 더 성공 확률을 올릴 수 있다.

　±3σ에서 매매 신호가 나타나는 경우는 좀처럼 많지 않다. 그러니 –2σ를 기준으로 일단 매수를 해보고 더 주가가 내려 –3σ에 닿았을 때 추가 매수를 진행하는 것도 좋은 방법이다.

주가 수렴이 계속되는 박스권 장세에서는 역추세추종 방식을 활용하자. ±2σ에 닿으면 역추세추종형으로 시장 진입.

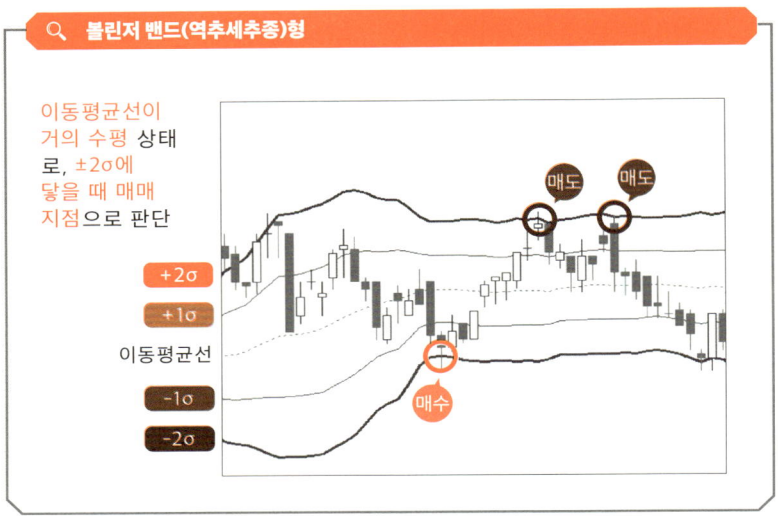

위 차트는 역추세추종 투자의 예시다. 볼린저 밴드가 수축해 수렴 상태에 빠졌고 하한 저항선인 −2σ에 닿으면 매수 판단을 내린다. 그 후 주가는 상승세로 바뀌어서 이번에는 상한 저항선이었던 +2σ에 닿게 되면서 이익을 확정 짓는 매도 지점이 된다.

이익을 확정함과 동시에 신용 거래를 통한 공매도의 기회가 되기도 한다. 공매도는 주가 하락에 베팅함으로써 수익을 노리는 투자 방법이다. 이러한 박스권 장세에서는 매수와 매도를 반복하면서 왕복으로 이익을 노릴 수도 있다.

역추세추종 활용 시
주의할 점

-
-
-

볼린저 밴드는 미국의 존 볼린저(John Bollinger)가 고안한 기술적 분석이다. 그는 볼린저 밴드를 활용할 때 역추세추종형으로는 사용하지 않아야 한다고 말했다. 역추세추종형 활용은 저항선이나 지지선이 되는 ±2σ에 닿는 것을 기준으로 판단한다. 이는 간단해 보이지만 속임수가 많이 나타나게 된다. 박스권 장세에서만 활용한다고 해도 수렴 상황에서 시세가 상하로 크게 변동하는 경우도 충분히 있을 수 있다.

주식이나 FX, 변동성이 높은 암호 자산인 비트코인 등은 가끔

깔끔한 손절매도 중요하다. 한 번에 큰돈을 얻으려 하지 말고 시세를 길게 보면서 장기적인 자산 운용을 해나가야겠다.

PART

8

일목균형표

구름 속을 나는 비행기는 흔들릴 수 있다
하지만 조금만 참으면 구름을 뚫고 푸른 하늘이 보일 것이다
그런 상황을 나타내는 것이 일목균형표다

만화로 보는 차트 분석

일목균형표란?

일목균형표라는 이름은 낯설지만, 기술적 분석의 세계에서는 높은 지명도를 자랑하며 폭넓게 활용되고 있다. 일목균형표 이론은 국내에서는 일목산인으로 알려진 일본의 호소다 고이치(細田悟一)가 1930년대에 만든 시세 분석 방법이다. 해당 기법이 만들어진 일본의 개인투자자들 사이에서 인기가 높고, 우리나라에서도 일목균형표 해설서가 출판될 정도로 펀드 매니저들에게 사랑받는 기술적 방법이다. 일목균형표는 시세가 한눈에 들어온다는 의미로 지은 이름이라고 한다.

기술적 지표 중에서는 봉과 이동평균선 그리고 볼린저 밴드가 시간을 분석 요소로 취급하며 일목균형표도 마찬가지다. 시간론과 파동론, 가격론(수준론)으로 구성되어 있으며, 포인트가 되는 가격 변화가 일어난 날부터 특정 기본 수치의 일수를 계산해 다음에는 언제 변할지를 예상하는 기술적 수법이다.

시세는 매수와 매도의 균형이 무너졌을 때 크게 움직이게 될 테니 매매 세력 중 어디가 우세한지 파악한다면 시세 변동을 한눈에 알 수 있다는 발상에 기반을 둔다.

시간론, 파동론, 가격론

일목균형표에 대해 자세한 설명을 하기 전에 시간론과 파동론 그리고 가격론(수준론)에 관해서 간단히 설명하겠다.

시간론이란 기본 수치에 관한 것으로 일목균형표에서는 9, 17, 26이라는 세 가지를 기본 수치로 삼는다. 시간론은 기본 수치를 기반으로 현재 상태와 다음 변화를 유추한다. 분석 당일을 25일째라고 할 때 다음 날인 26일째에는 추세 전환이나 강한 추세가 계속되는 등의 사건이 일어나기 쉬운 지점이라 판단하는 식이다.

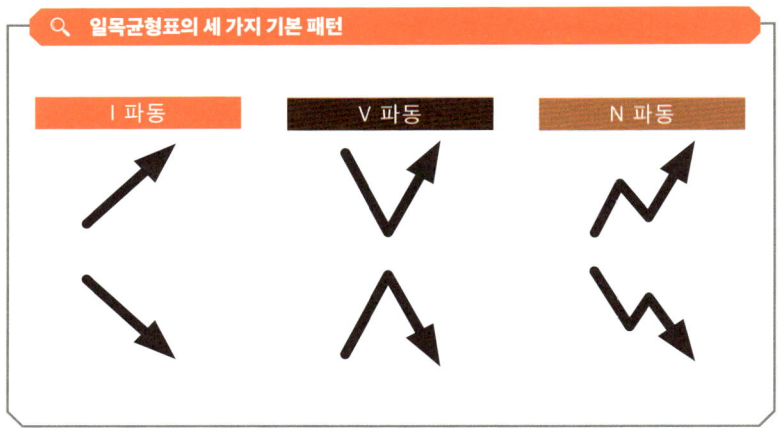

　　파동론은 가격 변동에 따라 나타나는 파동 형태와 패턴으로 시세를 분석하는 이론이다. 세 가지의 기본 파동을 각각 알파벳 모양에 빗대어 부른다. 상승이나 하락만 나타나는 일방통행적인 파동을 I 파동, 상승 후 하락, 하락 후 상승을 하나의 묶음으로 보는 V 파동, 상승과 하락과 재상승, 하락과 상승과 재하락을 한 묶음으로 보는 N 파동이 있다.

　　이 중 N 파동은 I 파동과 V 파동에서 연속적으로 형성되며, 상승하는 주가는 결국 N 파동을 그리게 된다고 상정한다. 하락하는 주가도 마찬가지다. N 파동이 완성되어야만 다음 상승 국면, 하락 국면이 온다는 것이다.

모든 파동은 N 파동으로 끝난다. 시세는 N자로 움직인다.

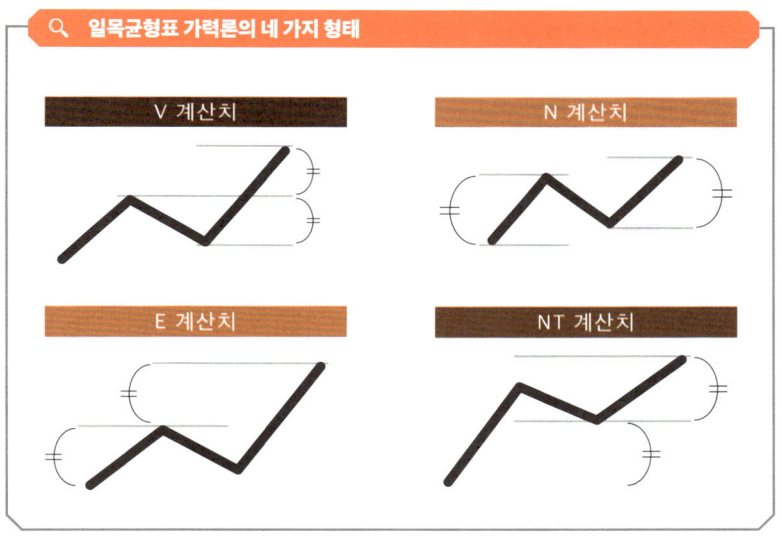

일목균형표 가력론의 네 가지 형태

가격론은 주가 목표치를 예상할 때 사용한다. 대표적으로 네 종류의 계산치가 있으며 그중 가장 일반적인 것이 V 계산치다. 주가가 상승한 후에 하락으로 바뀌고 다시 반동 상승하는 N 파동을 그릴 때, 반동 상승 때의 주가는 주가가 최초에 도달한 최고점에서 떨어져 저점을 칠 때까지의 하락 폭에 2를 곱한 만큼 오를 것이라 계산한다. V 계산치 외에 N 계산치나 E 계산치 그리고 NT 계산치도 목표를 예상하는 계산치이며, 파동의 정점과 바닥을 기준으로 한다.

다섯 개의 선과 봉으로 분석하는
일목균형표

-
-
-

일목균형표는 시간론, 파동론, 가격론이라는 세 가지 이론을 기반으로 기준선, 전환선, 선행스팬 두 종류(선행스팬 1, 선행스팬 2), 지행선, 이렇게 총 다섯 개의 선을 사용한다. 차트 분석에서는 실선(주가봉)까지 더해 이용한다.

선행스팬 1과 선행스팬 2에 둘러싸인 영역을 구름이라 한다. 지지대나 저항대의 역할인 구름은 일목균형표의 특징으로 꼽힌다. 일목균형표는 이 다섯 개 선과 구름, 그리고 봉이 하나의 차트로 그려진다. 이제 다섯 개 선이 가진 특징을 하나씩 살펴보자.

우선 기준선은 당일을 포함한 과거 26일간의 최고치와 최저치의 평균을 차트 위에 표시한다. 26은 일목균형의 기본 수치이며 고정적으로 사용한다. 과거 26일간의 최고치와 최저치 평균을 엮은 기준선은 시세의 중기적인 방향성을 나타낸다.

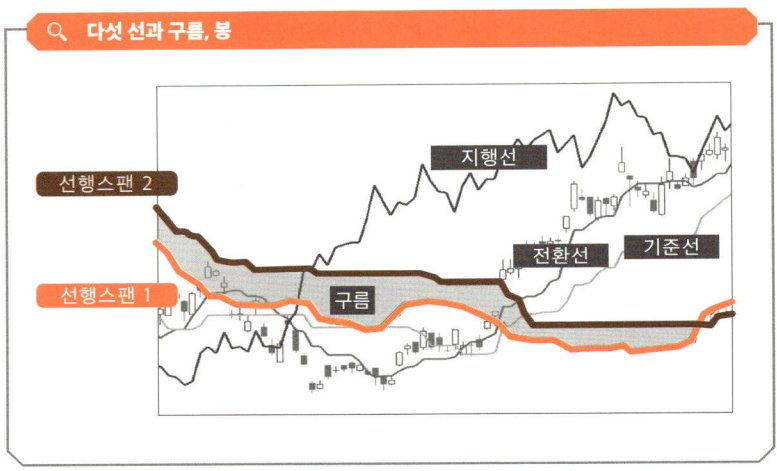

전환선은 과거 9일간의 최고치와 최저치의 평균 수치를 차트 위에 표시한다. 9도 26처럼 일목균형표의 기본 수치다. 이 전환선은 시세의 단기적인 방향성을 나타낸다.

선행스팬은 선행스팬 1과 선행스팬 2라는 두 선을 사용해, 현재 움직임이 장래에 어떻게 영향을 미칠지를 표시한다. 기본 수치가 다르므로 선행스팬 1은 단·중기적인 추세, 선행스팬 2는 장기적인 추세를 나타내는 선으로 상정된다.

선행스팬 1은 기준선을 이끄는 기준치와 전환선을 이끄는 전환치의 평균을 26일만큼 선행하여 표시하고, 선행스팬 2는 당일을 포함한 과거 52일간의 최고치와 최저치의 평균을 26일 선행시켜 표시한다.

🔍 **일목균형표 다섯 개 선의 계산식**

기준선	(당일을 포함한 과거 26일간의 최고치+최저치)÷2
전환선	(당일을 포함한 과거 9일간의 최고치+최저치)÷2
선행스팬 1	(전환치+기준치)÷2를 26일 선행시켜 표시
선행스팬 2	(당일을 포함한 과거 52일간 최고치+최저치)÷2를 26일 선행시켜 표시
지행선	당일 종가를 26일 지연시켜 표시

마지막으로 지행선(지행스팬)은 당일 종가를 26일 미루어서 선을 작성한다. 당일 가격과 26일 전 가격을 비교할 수 있는 선으로 일목균형표 중 가장 중요한 요소로 여겨진다.

일목균형표는 이렇게 기준선, 전환선, 선행스팬 1, 선행스팬 2, 지행선이라는 다섯 가지의 선과 26이나 9 같은 기본 수치로 만들어진다. 기준선은 중기, 전환선은 단기적인 방향성을 보여준다. 두 선행스팬 또한 추세를 읽을 때 중요한 역할을 한다.

POINT!

일목균형표는 다섯 개 선과 기본 수치로 이뤄진다. 기준선은 중기, 전환선은 단기 방향성을 나타내며 두 선행스팬으로 추세를 읽는다.

일목균형표의 특징,
구름대

-
-
-

일목균형표의 다섯 개 선 중 선행스팬 1과 선행스팬 2에 둘러싸인 영역인 구름의 존재가 일목균형표의 특징이다. 구름은 저항대와 지지대 역할을 하며, 구름의 두께나 구름 근처 봉의 위치 등에서 시장의 판도를 잴 수 있다.

만화에서는 부장과 미연 그리고 수형 세 명이 해외 출장을 위해 비행기를 탔다. 악천후 속에서 이륙한 후 비행기가 비구름 안에 돌입하더니 기내는 심하게 흔들리기 시작했고, 수형은 무섭다면서 울상을 짓는다. 이때 부장님은 수형에게 구름을 벗어나서 경치를 보면 깜짝 놀랄 것이라 말한다. 그 말대로 구름을 벗어난 후에는 예쁜 풍경이 펼쳐지고 수형은 언제 그랬느냐는 듯이, 도리어 신난다며 좋아한다.

주가도 저항대인 구름을 위로 돌파하면 움직임이 가벼워진다는 점을 표현한 부분이다. 일목균형표의 구름대를 살펴보는 투자 방법으로 구름을 위로 돌파했을 때 매수, 구름을 아래로 돌파했을 때 매도 판단을 내리는 경우가 있다.

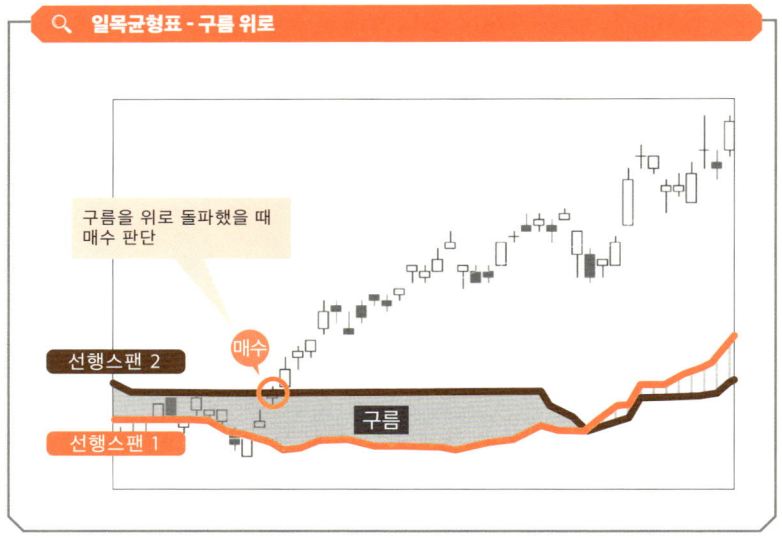

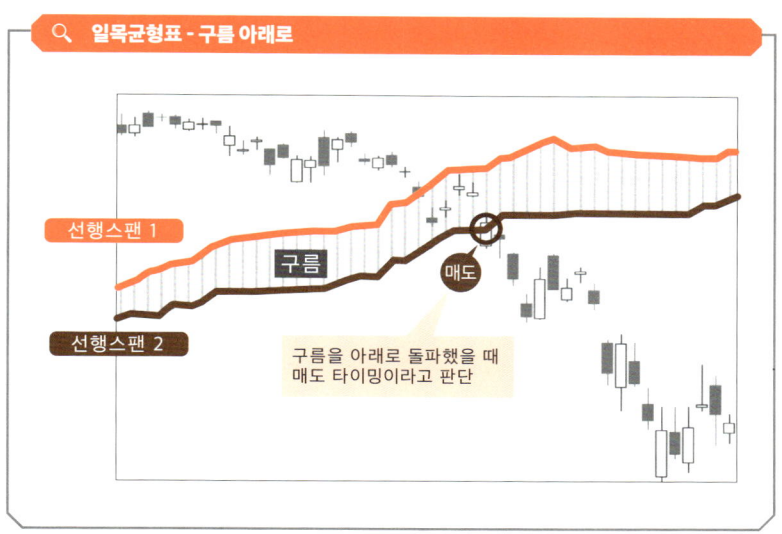

세 가지
기본 활용법

-
-
-

그러면 일목균형표의 활용 방법을 구체적으로 살펴보자. 기준선과 전환선, 선행스팬 1, 선행스팬 2, 지행선, 봉의 위치 관계가 기본이다.

기준선과 전환선을 사용한 활용법

과거 26일간의 최고치와 최저치의 평균을 엮는 기준선은 시세의 중기적인 방향성을 나타내며 이동평균선과 비슷하다. 시세의 단기적인 방향성을 나타내는 전환선과 조합해 매매 시기를 가늠할 수 있다.

① 기준선이 상승 중이라면 상승 추세로 아래로 향한다면 하락 추세.

② 봉이 기준선보다 위에 있다면 강세장으로 아래에 있다면 약세장으로 판단한다.

③ 기준선이 위로 향한 상태에서 전환선이 기준선을 아래에서 위로 돌파하는 골든크로스를 매수 신호로 본다. 반대로 기준선이 아래 방향인 상태에서 전환선이 기준선을 위에서 아래로 돌파하는 데드크로스를 매도 신호로 본다.

선행스팬 1과 2를 사용한 활용법의 열쇠는 구름

기준선을 이끄는 기준치와 전환선을 이끄는 전환치의 평균을 사용해, 선행하는 날을 각기 다르게 설정한 후 그리는 선이 선행스팬 1과 선행스팬 2다. 이들로 둘러싸인 영역을 구름이라 부르는데, 구름과 봉과의 위치 관계로 시장 상황을 확인할 수 있다. 구체적으로는 다음의 네 가지 패턴이다.

① 봉이 구름 위에 있다면 강세장으로, 아래에 있다면 약세장으로 판단한다.

② 봉보다 구름이 위에 있을 때 구름은 저항대가 된다. 봉보다 구름이 아래에 있을 때 구름은 지지대가 된다.

③ 봉이 구름을 아래에서 위로 돌파하면 상승의 신호다. 반대로 봉이 구름을 위에서 아래로 돌파하면 하락의 신호다. 두 경우 모두 시세가 전환되는 지점으로 중요한 매매 기준이 된다. 구름이 두꺼울수록 돌파에 시간이 필요하며 얇은 경우는 저항력이 약해 상하로 뚫리기 쉽고 전환이 쉽게 일어난다.

④ 두 선행스팬의 교차점은 시세 전환점(추세 전환, 혹은 가속 국면)이나 변화일이 될 가능성이 크다.

봉이 구름보다 위쪽에 있으면 구름이 지지대가 되고 봉이 구름 아래를 뚫게 되면 상승세를 누르는 저항대가 된다. 봉이 구름 안에 있는 경우는 시세의 방향성이 애매한 상태라고 본다.

지행선의 활용법

지행선은 단순하지만 매매 타이밍을 재는 중요한 판단 요소다. 지행선이 봉을 아래에서 위로 뚫으면 상승장으로 매수 신호다. 반대로 지행선이 봉을 위에서 아래로 뚫으면 하락장으로 매도 신호다. 그 외에도 봉과 연결돼 움직임이 계속되는 경우는 박스권 장세라고 볼 수 있다.

일목균형표는 여러 선이 연결되어 있어 복잡해 보이지만 각 선은 알기 쉬운 특징을 가지고 있다.

다른 기술적 지표와 비교하면 어려워 보일 수 있지만, 세 가지 활용법만이라도 꼭 기억해 두자.

강력한 거래 신호,
삼역호전과 삼역역전

-
-
-

기준선, 전환선, 구름, 지행선, 봉의 위치에서 특정한 세 가지 조건이 모이면 대단히 강한 매수 신호나 매도 신호가 발생한다. 일목균형표에서는 강한 매수 신호를 삼역호전, 강한 매도 신호를 삼역역전으로 부르며 일목균형표의 가장 대표적인 매매 신호다. 다만 전환선이 기준선을 아래에서 위로 뚫는 골든크로스와 지행선이 봉을 아래에서 위로 뚫는 호전에 비교하면 삼역호전은 출현 시기가 지연되기 쉬운 신호라는 것을 기억하자.

삼역호전의 세 조건은 다음과 같다.

- 전환선 > 기준선: 전환선이 기준선을 위로 돌파

- 봉>구름: 봉이 구름을 위로 돌파

- 지행선>봉: 지행선이 봉을 위로 돌파

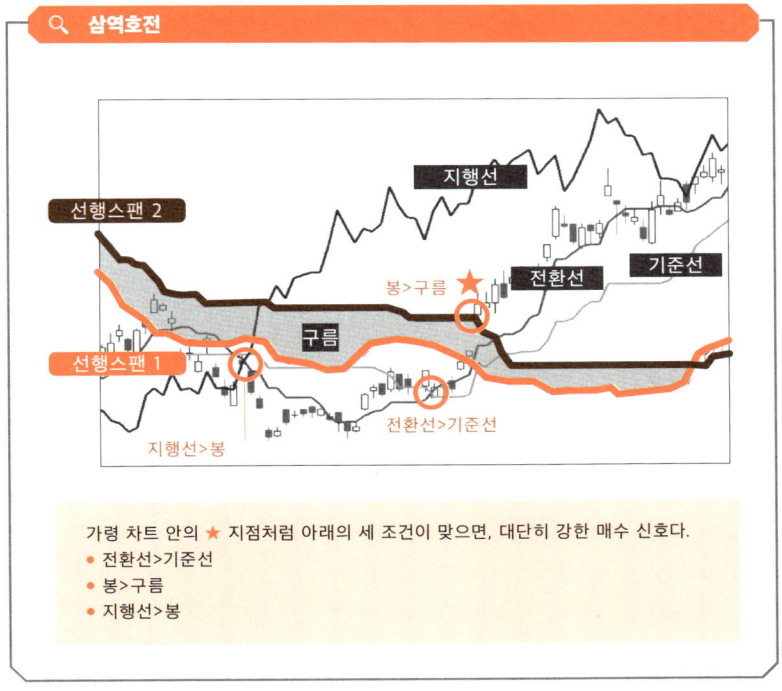

가령 차트 안의 ★ 지점처럼 아래의 세 조건이 맞으면, 대단히 강한 매수 신호다.
- 전환선>기준선
- 봉>구름
- 지행선>봉

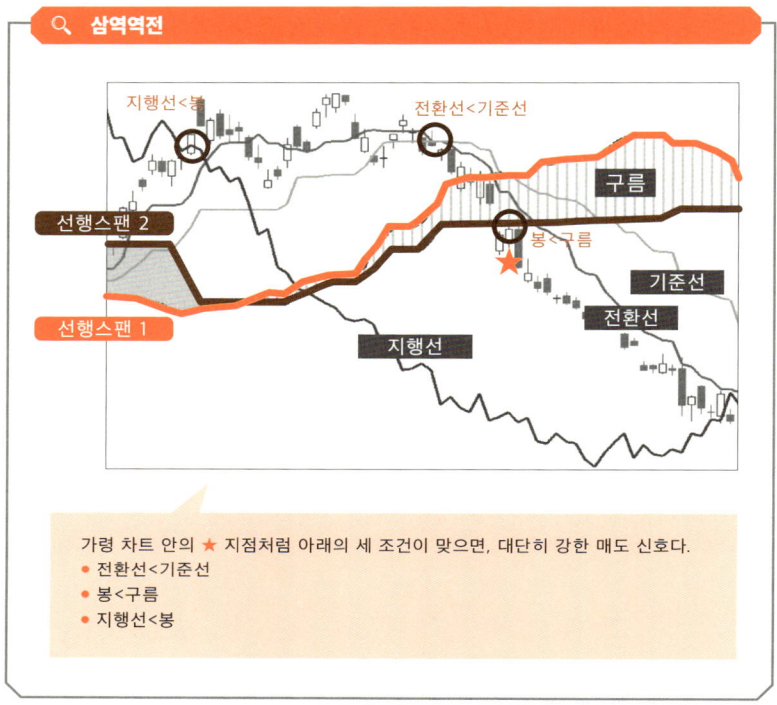

삼역역전의 세 조건은 다음과 같다.

- 전환선<기준선: 전환선이 기준선을 아래로 돌파
- 봉<구름: 봉이 구름을 아래로 돌파
- 지행선<봉: 지행선이 봉을 아래로 돌파

삼역호전과 삼역역전은 강한 매매 신호지만 출현 조건이 어려워 흔히 볼 수는 없다. 설령 나타나더라도 발견하기 쉽지 않다. 포기하지 않고 일목균형표를 끈기 있게 확인하자. 일목균형표의 세 가지 기본 활용법을 읽히고 구름의 특징을 잡아내려 노력하다 보면 길이 열릴 것이다.

위에서 살펴봤듯이 복잡하게 보이는 일목균형표에도 일정한 패턴이 있다. 그리고 요령을 알면 더할 나위 없이 좋은 시세 판단 도구가 된다. 일목균형표는 일봉 차트의 단기 추세 분석에 적합하다는 특징을 보이며 주식만이 아니라 FX에서도 폭넓게 사용되고 있다.

POINT! 일목균형표는 이름대로 한눈에 시세의 방향성을 알 수 있어 투자자에게서 폭넓게 사랑받고 있는 기술적 지표다.

PART

RSI

살이 너무 찌면 다이어트를 하고 싶고
다이어트를 너무 하면 요요가 오는 법이다.
주식도 FX도 너무 과열되면
과매도나 과매수 신호에 불이 들어온다.

만화로 보는 차트 분석

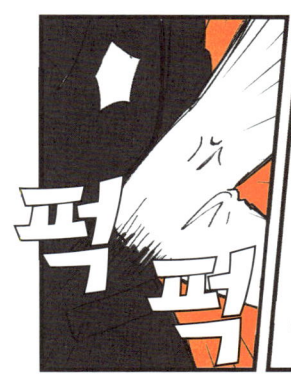

Part 9 RSI

과열에 팔고,
과매도에 산다

사람마다 각자 좋아하는 취향이 있다. 수형처럼 조금 통통한 여성을 좋아하는 남성이 있는가 하면, 마른 남성을 좋아하는 여성도 있다. 하지만 너무 뚱뚱하거나 너무 마른 사람은 그 사람의 건강이 걱정되기도 한다. 뭐든 지나치지 않은 선에서 그 사람 몸에 맞는 체중인 편이 좋을 것이다.

시세나 주가도 마찬가지다. 주식 용어 중 골디락스 시세라는 말이 있다. 과열되지 않았으면서 그렇다고 너무 식지도 않은 적절한 상태에 있는 시세를 말한다. 이런 상태가 주식 시장에도 투자자에게도 딱 좋은 것일지도 모른다. 골디락스 시세라는 말은 동화 세 마리 곰에 등장하는 골디락스라는 소녀가 뜨거운 수프, 적절한 온도의 수프, 차가운 수프 중 적절한 온도의 수프를 골랐다는 이야기에서 유래했다고 한다. 역시 먹었을 때 쉽게 목을 넘어가는 온도의 수프가 맛있는 법이다.

과매도와 과매수,
어떻게 판단할까?

이번 장에서 소개할 개념은 RSI라는 기술적 지표다. Relative Strength Index의 약자로, '상대강도지수'라고도 한다. 어느 일정 기간 내 시세 동향이 상대적으로 과매수인지 과매도인지를 판단하는 대표적인 오실레이터형 기술 지표로, 많은 기술적 지표를 만들어낸 미국의 웰스 와일더(J. Welles Wilder Jr.)가 1970년대 후반에 고안했다.

RSI를 산출하기 위한 계산식은 다음과 같다. 굳이 기억할 필요는 없고, 과매수인지, 과매도인지 혹은 둘 다 아닌지만 알 수 있다면 문제없다.

> **계산식**
> ① RS=(n일간 종가의 상승 폭 평균)÷(n일 동안 종가의 하락 폭 평균)
> ② RSI= 100-{100÷(RS+1)}

　RSI를 고안한 와일더는 일봉 기준으로 기간(n일) 설정은 14일이 적절하다고 봤지만 9일, 22일, 42일, 52일로 설정할 수도 있다. 주봉이라면 9주나 13주가 좋을 것이다. 단 이것이 절대적인 정답은 아니다. RSI 효과가 최대한 발휘되는 기간이라면 어떤 값이든 상관없다. 기간 조정은 어느 정도 익숙해진 후에 하면 된다. 인터넷 증권 사이트 등에서 보는 RSI도 대부분 초기 설정이 14일과 14주로 되어 있을 것이다. 처음에는 그대로 사용해보자.

POINT!
RSI는 시세의 과매도, 과매수를 확인하는 오실레이터형 지표의 대표 주자다.

역추세추종 투자를 위한
지표

RSI는 0%에서 100% 사이에서 움직인다. 0%에 가까이 갈수록 시세는 하락세며 100%로 가까이 갈수록 상승세로 판단할 수 있다. 보는 방법은 간단하다. 과매수 상태로 돌입할 때가 매도 지점이며 과매도 상태로 돌입하면 매수 지점이다. RSI는 직전 상태와는 반대되는 투자 행동을 취하기 위한 지표로 역추세추종을 위한 지표다.

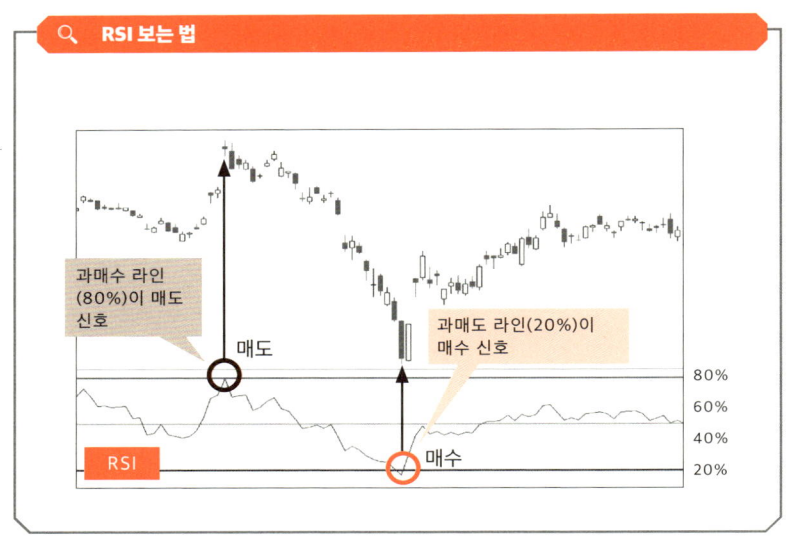

RSI가 70%를 넘으면 시세가 과열 상태(과매수)에 있으며 30%를 밑돌면 냉각 상태(과매도 상태)로 판단한다. 상한가나 하한가가 연이어 등장하며 시세가 급격하게 움직일 때는 80% 이상을 과매수 라인으로 20% 이하를 과매도 라인으로 판단할 때도 종종 있다. 또 80%를 넘어서도 주가의 상승이 계속되거나 20% 아래로 떨어져도 주가가 하락하는 속임수가 등장하는 때도 적지 않다.

다이버전스 출현은
투자의 기회

-
-
-

RSI를 보면 80%를 넘어 주가가 과열 상태인데도 불구하고 실제 주가는 계속 올라가는 경우가 현실 시장에서 자주 보인다. Part 6 MACD에서도 다뤘지만, 이럴 때는 기술적 지표와 주가가 역방향으로 움직이는 현상인 다이버전스를 활용하는 것이 효과적이다. 다이버전스는 발생 빈도가 낮지만 그만큼 강한 신호다.

다음 페이지의 차트를 보면 한 번 급격히 주가가 상승한 지점에서 RSI가 80%에 닿았다. RSI상 매도 신호 출현이다. 그러나 주가는 그 후에도 계속 상승하는 모습을 보인다. 다만 주가가 고점을 경신하고 있는데도 상승세는 약해지고 있어서 RSI 자체는 조금씩 아래로 떨어지기 시작했다. 이것이 RSI에서의 다이버전스 현상이다. 다이버전스 발생 후에는 하락으로 전환될 가능성이 크기에 매도 판단을 내려야 한다. 시세가 떨어졌을 때 어디가 최저점인지를 판단할 때도 유용하다. 다이버전스는 기존 추세가 전환되리라는 유력한 신호다.

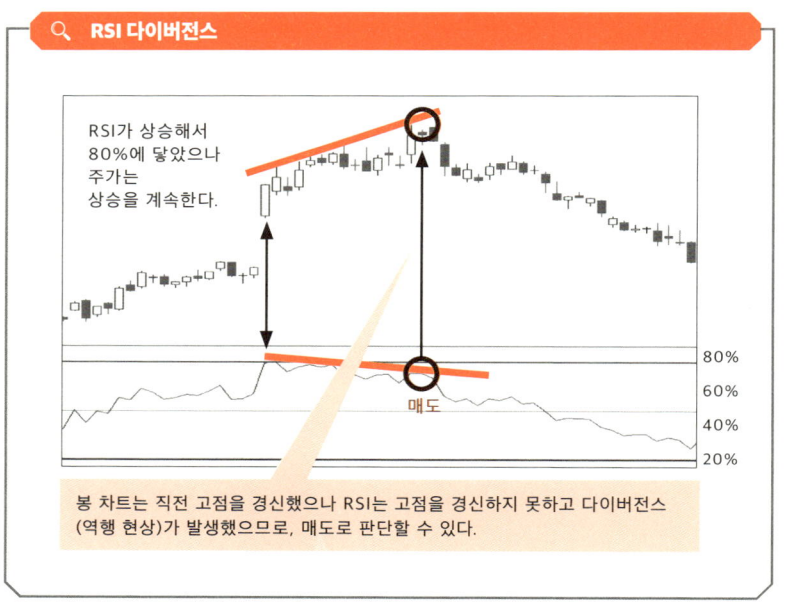

상승장일 때 속임수에
주의하라

-
-
-

RSI에도 약점이 있다. 주식의 움직임이 횡보하거나 일정 범위 내에서 움직일 때는 적중률이 높지만 확실한 상승장이나 하락장이 나타나면 적중률이 떨어진다는 점이다. RSI에서 매매 신호가 등장했음에도 기세가 멈추지 않고 그대로 상승이나 하락을 계속하는 식이다. 속임수에 넘어가는 잘못된 판단을 피하기 위해서는 어떻게 해야 할까?

RSI의 약점을 보충하는 기술적 지표를 함께 사용해 확인해야 한다. Part 6에서 소개한 MACD를 추천한다. RSI와 MACD는 상호

보완성이 아주 좋기에 함께 사용하면 서로의 약점을 보완할 수 있다. RSI가 박스권 장세에 강하고 급격한 추세 발생 시에 약한 것에 비해, MACD는 추세 발생 시의 분석에 뛰어나고 박스권 장세에서는 유효도가 떨어지는 지표이기 때문이다.

박스권 장세일 때는 RSI를, 강한 추세가 발생했을 때는 MACD를 활용해서 매매 시점을 파악하면 시장이 어떤 상태여도 매매 시점을 정확히 파악할 수 있기에 거래 폭이 넓어질 것이다.

POINT!
RSI에서 다이버전스가 등장하면 투자 기회다! 약점을 MACD로 보충하면 거래 폭이 넓어진다.

두 가지 지표에서 동시에 신호가 발생한다면

RSI와 MACD를 함께 쓸 때의 이점은 또 있다. 위에서는 박스권 장세 때 RSI를, 추세 발생 때에는 MACD를 활용하는 방법을 소개했는데 두 개의 지표에서 동시에 매수 신호가 나타나는 경우가 있다.

다음 페이지의 차트에서는 RSI와 MACD 모두 거의 동시에 매수 신호가 출현했다. 하나의 지표만 봤을 때는 정확도가 낮지만, 추세형 기술 지표와 오실레이터형 기술 지표가 모두 매수 신호를 나타냈다면 적중률은 훨씬 올라간다. 또한 거의 같은 지점에서 매수 신호가 발생한 후 주가는 하락 추세를 벗어나서 크게 상승했다.

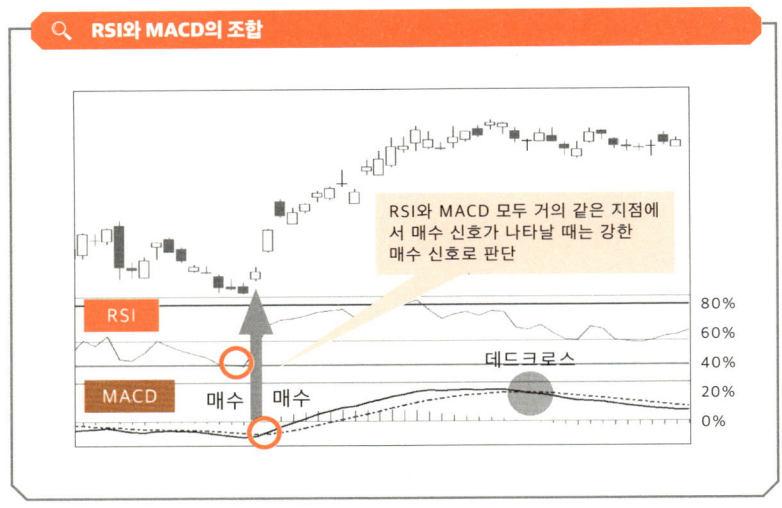

매수 신호 발생 이후 주가가 급상승한 다음 횡보 상태로 돌입했다가 RSI가 80% 라인을 넘어섰을 때쯤 상승 추세가 완전히 멈췄다. MACD를 보면 횡보 상태가 된 후 꽤 시간이 지난 다음에 데드크로스가 나타난 것이 보일 것이다. MACD 자체도 약하게 우하향했지만 실제로 하락 추세가 발생하지는 않았다.

꽤 좁은 범위 내에서 움직임이 일어났기 때문에 RSI에서도 매도 신호가 등장하지 않았으니 RSI와 MACD 모두 박스권 장세에 돌입 후 제대로 시장을 읽어내지 못했다는 뜻이 된다. 이런 경우 무리하게 매매할 필요는 없다. 매매하지 않고 내버려두는 것도 한 방법이다. 기술적 분석에 의한 매매를 할 때 확실하지 않은 신호를 근거로 매매를 이어갈 필요는 없다. 명확한 매수나 매도 신호가 나타났을 때만 거래하면 된다.

RSI와 MACD에서 동시에 신호가 나타났다면 적중률이 올라간다. 명확한 신호가 출현하지 않는다면 거래를 쉬는 것도 방법이다.

매매 신호가 되는
스토캐스틱

-
-
-

RSI와는 다른 오실레이터형 기술적 지표를 하나 더 소개한다. 스토캐스틱 오실레이터라는 도구로 RSI와 같이 시세의 과매수나 과매도를 판단하기 위해 1950년대 미국의 차티스트 조지 레인(George Lane)이 고안하였다. RSI와 더불어 많은 투자자의 사랑을 받는 기술적 지표로 스토캐스틱으로 줄여 부른다.

스토캐스틱은 %K와 %D라는 두 선으로 그려지는 '스토캐스틱 패스트'와 그들의 이동평균으로 산출한 Slow%K와 Slow%D라는 두 선으로 그려지는 '스토캐스틱 슬로우'가 있다. 스토캐스틱 패스트는 그 이름대로 시세의 움직임에 민감하게 반응해 매매 신호가 빈번히 출현하기에 단기 투자에 적합하지만, 속임수도 많다는 단점이 있다.

스토캐스틱 슬로우는 이름 그대로 천천히 움직이는 만큼 스토캐스틱 패스트보다 매매 신호 출현 빈도는 낮으나 그 대신 속임수도 적다. 스토캐스틱 슬로우는 스토캐스틱 패스트의 결점을 보완하기 위해 만들어졌으며, 일반적으로 스토캐스틱 슬로우를 이용하는 경우가 많아지고 있다. 아래에서도 스토캐스틱 슬로우를 기준으로 설명하겠다.

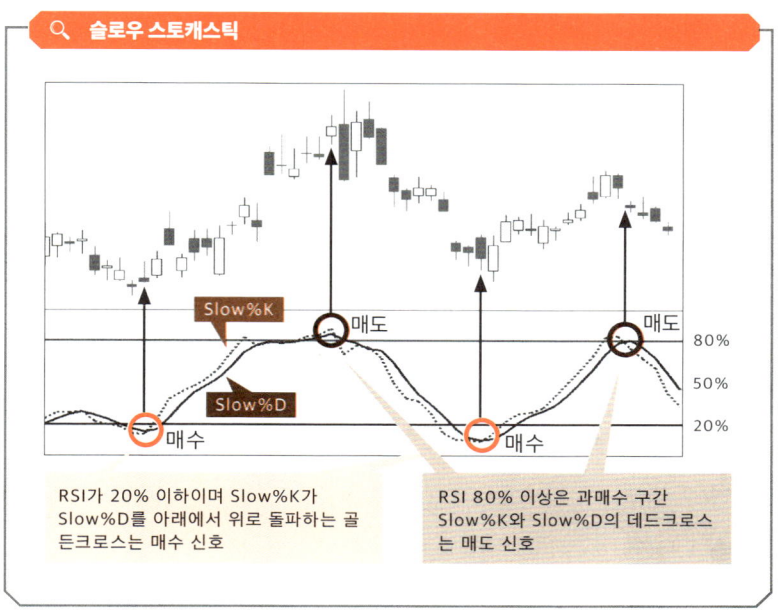

스토캐스틱의
골든크로스, 데드크로스

 스토캐스틱도 RSI와 똑같이 퍼센티지로 표시되며 그 수준을 보고 과매도나 과매수를 정한다. 스토캐스틱 두 라인이 80% 이상이라면 과매수로 20% 이하라면 과매도라고 판단한다.

 RSI와는 어떻게 다를까? RSI가 선 하나인 것에 비해 스토캐스틱은 두 선으로 그려진다는 점이다. 두 선이 있다면 선이 교차하는 포인트가 있다는 것을 의미한다. Slow%K 선이 Slow%D 선을 아래에서 위로 뚫는 골든크로스가 매수 지점, Slow%K 선이 Slow %D를 위에서 아래로 뚫는 데드크로스가 매도 지점이다.

POINT! 스토캐스틱은 슬로우를 사용하는 것이 일반적이다. 골든크로스나 데드크로스가 나타나면 매매 신호다.

여러 지표를 함께 사용하자

스토캐스틱에서는 골든크로스와 데드크로스를 매매 신호로 본다. RSI와 비교하면 매매 신호가 많이 나타난다는 특징이 있지만, 매매 신호가 속임수가 될 때가 많다는 단점을 갖는다. 어느 한 방향으로 추세가 크게 기울어져 있을 때는 80%를 훨씬 넘어서도 주가 상승이 계속되거나 20% 이하라도 하락이 계속되는 현상이 RSI보다 빈번히 나타나기도 한다.

속임수를 피하려면 다른 기술적 지표를 동시에 확인해야 한다. 스토캐스틱도 RSI처럼 추세형 기술적 지표인 MACD와 궁합이 좋으며 그 외에도 Part 7에서 소개한 볼린저 밴드나 Part 8에서 소개한 일목균형표와도 잘 맞는다. 같은 오실레이터형인 RSI와도 함께 쓸 수 있다.

같은 오실레이터형 기술적 지표인 스토캐스틱과 RSI 중 어느 쪽이 더 유용한지는 단언하기 어렵다. 시세 상황이나 종목에 따라 달라질 것이다. Part 6에서도 설명했지만, 지표를 서로 비교해서 해당 종목에 어느 지표가 더 적절한 매매 신호가 나오는지를 확인해 봐야 한다. 만약 초단기 매매를 한다면 더 많은 매매 신호가 발생하는 스토캐스틱 쪽이 더 적절할 것이다.

완벽한 기술적 지표는
없다

RSI나 스토캐스틱 외에도 오실레이터형 기술적 지표에는 다음 233, 234쪽에서 소개하는 투자심리선과 RCI(순위상관지수) 그리고 이동평균선 괴리율 등이 있다. 이 책에서는 오실레이터형 지표 중 꼭 알아야 할 RSI와 스토캐스틱만 설명하고 다른 오실레이터형 지표의 상세는 생략했다. 하지만 지표마다 모두 일장일단이 있다. 당연하겠지만 완벽한 기술적 지표는 존재하지 않는다. 완벽한 지표가 있다면 누구나 주식으로 큰돈을 벌지 않겠는가.

앞에서도 언급했듯이 시세 상태나 종목에 따라 적절한 기술적 지표가 다르다. 아래에서 소개하는 지표 모두를 공부할 필요는 없다. 추세형과 오실레이터형 중 각각 2~3개 정도라도 활용해보자.

POINT! 오실레이터형 중에는 RSI와 스토캐스틱을 확인하자. 어느 지표에서 적절한 신호가 나타나는지 찾는 것이 중요하다.

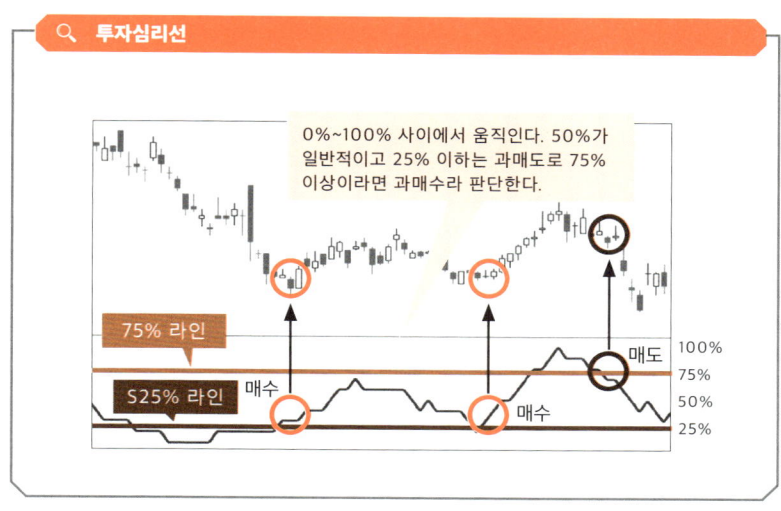

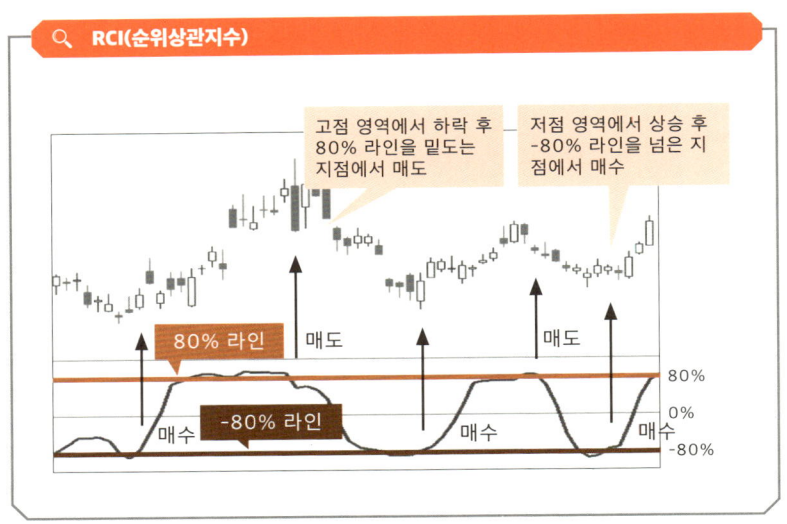

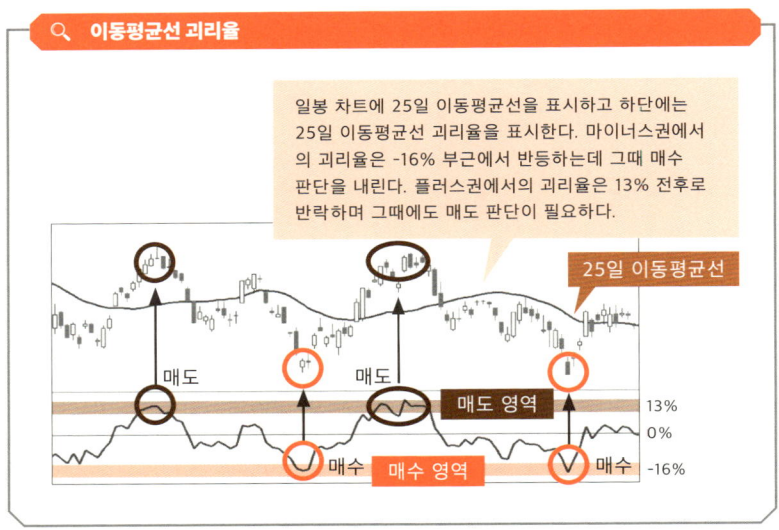

PART
10

피보나치

자연에는 마음이 편해지는 일정 비율이 있다.
밀로의 비너스, 피라미드도 모두 이 비율에 따라 만들어졌다.
주가에서 마음이 편해지는 비율이란 무슨 의미일까?

만화로 보는 차트 분석

피보나치란?

주식이나 FX 등의 움직임은 투자자의 심리나 감정으로 정해지기에 인간의 심미안에서도 큰 영향을 받는다. 시장을 뒤에서 지배하는 피보나치 황금비율은 쓸모가 있을 듯하다.

Part 10 피보나치

지지·저항선을 찾는
색다른 방법

피보나치 수열이라는 단어를 들어봤을 것이다. 13세기의 수학자인 레오나르도 피보나치(Leonardo Fibonacci)가 정립한 수열이다. 피보나치 수열은 1, 1, 2, 3, 5, 8, 13, 21, 34, 55, 89, 144, 233…으로 이어지는 숫자의 배열이며 모든 숫자가 바로 전 두 개 숫자를 더한 값으로 이루어져 있다.

이 수열은 자연 곳곳에서 찾아볼 수 있다. 꽃잎 매수는 꽃의 종류에 따라 다르지만 한 장, 두 장, 세 장 혹은 다섯 장의 꽃잎을 가진 꽃이 가장 흔하다. 해바라기는 열세 장의 꽃잎을 가지고 있으며

13이라는 숫자도 피보나치 수열에 해당한다. 대단히 신기한 수열이다.

수학자인 피보나치는 토끼 한 쌍이 새끼를 늘려가는 모습을 관찰해서 숫자 배열을 발견했다고 하는데 피보나치 수열에 대해 자세한 설명은 여기까지만 하겠다. 흥미가 생긴다면 인터넷에서 조사해 보자.

피보나치 수열과
황금비의 관계

고대 그리스의 수학자인 에우독소스(Eudoxos)가 발견한 황금비라 불리는 비율이 있다. 황금비는 고대부터 인간이 가장 아름답다고 느끼는 비율로 그리스 파르테논 신전 건설에도 이 황금비가 사용되었다고 한다. 황금비는 굉장히 어려운 계산식으로 도출할 수 있지만, 인간이 가장 아름답다고 느끼는 비율이 1:1.618이라는 사실만 기억해주기를 바란다. 정확한 황금비는 1:1.618033988…로 나타내며 원주율처럼 소수점 이하가 무한대로 계속된다.

파르테논 신전만이 아니라 밀로의 비너스와 레오나르도 다 빈치의 모나리자, 이집트의 피라미드나 파리의 개선문 그리고 우리가 흔히 보는 명함 등에도 적용된 비율이다.

피보나치 수열에서 인접한 두 숫자의 비율을 구하면 황금비에 무한대로 수렴한다는 사실이 알려져 있다.

피보나치
되돌림 활용법

-
-
-

　　여기까지 피보나치 수열과 황금비를 간단히 설명했는데 포인트는 자연에서 가장 아름답고 안정감이 드는 비율이 1:1.618이라는 점이다. 주가 변동도 이 비율에 따라 움직이는 경우가 많다. 투자자들이 가장 많이 사용하는 개념은 피보나치 되돌림이다. 피보나치 되돌림은 주가가 돌아서는 판단 기준이나 가격대에서 지지선과 저항선으로 이용되어왔다.

　　피보나치 되돌림 활용법에서는 피보나치 비율에 기초한 23.6%, 38.2%, 50%, 61.8% 또 보조적으로 76.4%가 자주 이용된다. 인터넷 증권 등의 차트를 사용해 계측 기간의 최고치나 최저치를 시점과 종점으로 정하고 피보나치 되돌림을 선택해보자. 그러면 그 가격 차이를 기반으로 하는 피보나치 비율을 차트상에 보여줄 것이다. 그 후 차트에 표시된 가격으로 주가의 반발 정도를 예측하는 것이다.

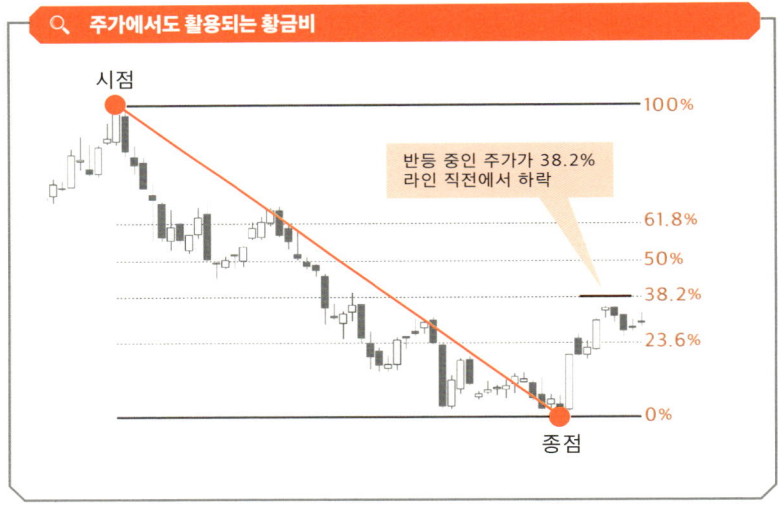

일반적인 이용 방법을 소개해보겠다. 우선 종점을 0%로 하고 되돌림의 기준을 23.6% 라인에 둔다. 다음 되돌림 기준을 38.2% 라인으로 그다음을 50% 라인으로 삼는다. 50%까지 오면 주가의 반을 회복하는 포인트다. 그다음 61.8% 라인을 목표하다가 마지막에는 전부 되돌림인 100% 라인(시점)을 주목한다. 위 차트와 같이 38.2% 라인을 눈앞에 두고 주가가 하락하기 시작한다면 23.6% 라인이 지지선으로 작동해서 주가 하락이 해당 라인 근처에서 멈출 가능성이 생긴다.

POINT!

주가 회복이 한 번 탄력을 받아 중간까지만이라도 회복한다면 곧 완전히 회복될 가능성도 생긴다.

기술적 분석은
끝이 없다

    피보나치 수열과 황금비율을 활용한 기술적 분석은 피보나치 되돌림 외에도 다양하게 존재한다. 시세 움직임을 시간 축에서 피보나치 수열로 계산하는 피보나치 타임존, 특정 가격에서 추세선을 그리고 그 선을 나눈 후 다음 반전 지점을 피보나치 수열로 예상하는 피보나치 팬, 원호를 이용하는 피보나치 아크 등이 있으니 흥미가 있다면 조사해보도록 하자. 종목에 따라 기본적인 피보나치 되돌림보다 주가를 잘 읽어내는 도구를 발견할지도 모른다.

    지금까지 여러 기술적 분석을 소개했지만, 이외에도 많은 분석 수법이 존재하고 새로운 분석 방법도 계속 발표되고 있다. 기술적 분석은 연구할 여지가 많은 분야로 나 또한 여전히 배우는 중이다. 혹시 당신이 새로운 기술 분석을 발견하게 된다면 나에게도 살짝이 알려주기 바란다.

"이기는 투자자는 모두 알고 있다."

이 책에서는 대표적인 기술적 분석(차트 분석) 방법들을 소개하고 있다. 어떤 기술적 분석이라도 주가의 방향성이나 추세 전환점을 예측하는 믿음직스러운 도구가 될 수 있다. 여러 가지 기술적 지표를 사용하다 보면 마음에 쏙 드는 지표를 만나게 될 것이다. 각 지표에는 일장일단이 있고, 때에 따라 속임수를 만나기도 한다. 따라서 책에서 언급했듯이 실제로 투자를 할 때는 여러 기술적 지표를 함께 쓰는 것을 추천한다.

일봉 차트로 거래할 때도 월봉, 주봉 차트를 표시해서 장기적인 추세가 어떤지 파악한 후 투자 판단을 하면 더 정확도가 높은 거래가 되지 않겠는가.

기술적 분석은 결과론이라면서 부정적인 견해를 가진 사람도 있지만, 실제로 과거의 경향을 주의 깊게 살피며 매매하는 투자자가 더 많다. 그래서 그런 대다수 투자자의 경향을 파악하는 일은 대단히 중요하다. 이 책의 Part 1에서도 적혀 있듯 주가의 움직임은 인기투표와 같기에 같아서, 대다수 투자자가 일으킨 큰 파도에 탈 수만 있다면 더 좋은 결과로 이어진다. 그리고 그 투자자들의 모든 투자 행동은 차트에 고스란히 나타난다.

다른 투자자들이 모두 강한 매도 의사를 보인다고 해도 기본적 분석만 들여다보고 있으면 그 사실을 모른 채 나만 매수로 향할 수도 있다. 손실의 가능성을 넓히는 행위다.

사람이 모이는 뒷면에 활로가 있고 꽃도 피어있다는 일본의 격언은 남과 같은 투자 행동만을 취하면 크게 벌 수 없으니 큰 이득을 보려면 남들과 다른 길을 가야만 한다는 의미다. 틀린 말은 아니지만, 추측이나 감만 믿고 남들과 다른 행동을 취하면 그만큼 승률이 떨어질 뿐이다. 일단 기술적 분석을 통해 타인의 움직임이나 경향을 파악하려는 시도가 중요하다.

맺는말

내가 가장 신뢰하는 도구는 Part 6에서 소개한 MACD다. 특히 매수 종목을 찾을 때 자주 활용하고 있다. 단 MACD를 믿고 산 종목을 MACD에 따라 매도할 때는 매도 신호가 실제보다 늦게 나타나기 때문에 어쩔 수 없이 이익이 줄어들기가 쉽다. 더 큰 시세 차익을 노리고 싶다면 매도를 위해 RSI 등의 오실레이터형 지표를 함께 이용하는 것도 하나의 방법이다.

기본적 분석은 프로에게 맡기자

실제 종목을 고를 때는 기업 실적과 거시경제지표 등의 기본적 분석 요소도 확인해야 한다고 생각한다. 아무리 기술적 분석에서 매수 신호가 나왔다 해도 기업 실적 악화 등으로 인해 회사가 부도를 맞으면 그 주식은 상장 폐지가 되어 휴짓조각이 될 뿐이다. 열심히 한 기술적 분석도 헛수고가 된다.

기본적 분석에 관한 한, 전문적으로 매일 연구와 분석을 하는 증권회사 분석전문가들이 프로 중의 프로다. 그들이 분석한 기업의 실적 같은 정보는 투자자에게 보고서나 세미나의 형식으로 공

개되어 있다.

개인투자자도 분석할 수는 있지만 분석할 시간이 없다면 전문가들이 연구 끝에 써낸 보고서를 참고하면 된다. 그 안에서 앞으로 유망한 종목을 발견한 뒤 지금까지 소개한 기술적 분석을 활용해서 매매 지점을 찾아가면 된다.

애써 정리한 기술적 분석을 방해하는 것은 당신의 감정

마지막으로 정신력에 대해 한마디만! 투자에서는 손실을 가능한 한 적게 내고 이익을 최대한 크게 하려는 냉정한 사고가 중요하다. 하지만 투자자 대부분이 손실이 나도 손절매를 망설인다. 반대로 이익이 나면 빨리 매도해서 이익을 확보하려고 한다. 결과적으로는 여러 번에 걸쳐 열심히 쌓아 올린 이익을 한 번의 큰 손실로 날려버리게 된다. 역시 사람이란 돈이 엮이면 합리적인 판단을 하기가 쉽지 않다.

노벨 경제학상을 수상한 행동경제학자 대니얼 카너먼(Daniel

Kahneman) 박사와 공동연구자인 에이머스 트버스키(Amos Tversky)가 1979년에 함께 제창한 전망이론(Prospect Theory)을 소개하고자 한다. 전망(Prospect)이란 '예상'이나 '기대'를 뜻하며 예상이나 기대되는 손익 그리고 그 확률에 따라 사람들이 어떤 행동을 취할 가능성이 큰지를 모델화한 이론이다. 기존 경제학에서는 사람은 반드시 경제적 합리성이 있는 행동을 취한다는 전제를 두었지만, 실제로는 그렇지 않다.

다음 두 가지 선택지가 있을 때, 당신은 어느 쪽을 취하겠는가?

① 지금 바로 100만 원을 받는다.
② 80%의 확률로 150만 원을 받을 수 있지만, 아무것도 받지 못할 확률이 20%다.

이 경우, 대부분 ①을 고른다. 그러면 다음 선택지라면 어떨까?

③ 바로 100만 원을 내야 한다.
④ 80% 확률로 150만 원을 내지만, 한푼도 내지 않을 확률이

20%다.

이 선택지라면 ④를 고르는 사람이 많다. 하지만 기대치를 생각해보면 처음 선택지 ①과 ②에서 ①의 기대치는 100만 원(100만 원×100%)이고 ②의 기대치는 120만 원(150만 원×80%)이니까 ②를 고르는 편이 합리적이다.

두 번째 질문에서 ③의 기대치는 -100만 원(-100만 원×100%)이고 ④는 마이너스 120만 원(-150만 원×80%)으로 ③을 선택하는 게 유리하다.

주식 투자에 비유하면 처음 선택지는 아직 상승의 여지가 있는데도 빠른 이익 실현을 위해 매도하고 다음 선택지에서는 가격이 내려갈 가능성이 더 큰데도 손절매하지 않고 보유하는 식이다. 내가 지적하고 싶은 것은 기술적 분석에 충실한 매매를 해야 하는데도 자신의 감정이나 근거도 없는 기대를 바탕으로 본래 취해야 하는 행동과는 반대로 움직이려는 경향이다. 이 경향을 잘 이해하고 철저히 기술적 분석을 구사해서 시장에서 승리를 거두자.

맺는말

그동안 기술적 분석의 유용함을 알리기 위해 개인투자자를 향한 교육을 계속해왔다. 덕분에 기술적 분석으로 투자 실적이 올랐다는 말을 들을 수 있었고 그런 성공담은 나에게 무엇보다 기쁜 일이다. 기술적 분석은 국내 주식은 물론 세계적으로 유망한 미국 주식이나 FX, 암호화폐, 주식지표 선물, 상품 선물 등 다양한 거래 상품에 응용할 수 있다.

이 책을 집필하면서 나도 기술적 분석과 다시 마주하게 되어 또 한 번 기술적 분석의 중요성을 느끼게 되었다. 이 책이 투자자 여러분의 투자 실적에 도움이 된다면 대단히 기쁠 것이다. 건승을 기원한다.

2021년 2월 어느 좋은 날에

후쿠시마 타다시

Original Japanese title: KATTERU TOSHIKA WA MINNA SHITTEIRU CHART BUNSEKI
Copyright © 2021 Tadashi Fukushima
Original Japanese edition published by Fusosha Publishing, Inc.
Korean translation rights arranged with Fusosha Publishing, Inc.
through The English Agency (Japen) Ltd. and Danny Hong Agency

이 책의 한국어판 저작권은 대니홍 에이전시를 통하여 저작권자와 독점 계약한 베가북스에 있습니다.
저작권법에 의해 한국 내에서 보호를 받는 저작물이므로 무단 전재와 복제를 엄격하게 금합니다.

만화로 보는 차트 분석

초판 1쇄 인쇄 2023년 4월 27일
초판 1쇄 발행 2023년 5월 8일

지은이 | 후쿠시마 타다시
옮긴이 | 문세나
펴낸이 | 권기대
펴낸곳 | ㈜베가북스

총괄 | 배혜진
편집 | 박시현, 허양기
디자인 | 이재호
마케팅 | 이유섭, 한지수
경영지원 | 손자영

주소 | (07261) 서울특별시 영등포구 양산로17길 12, 후민타워 6~7층
대표전화 | 02)322-7241 팩스 | 02)322-7242
출판등록 | 2021년 6월 18일 제2021-000108호
홈페이지 | www.vegabooks.co.kr **이메일** | info@vegabooks.co.kr
블로그 http://blog.naver.com/vegabooks
인스타그램 @vegabooks **페이스북** @VegaBooksCo
ISBN 979-11-92488-31-8 (03320)

---

* 책값은 뒤표지에 있습니다.
* 잘못된 책은 구입하신 서점에서 바꾸어 드립니다.
* 좋은 책을 만드는 것은 바로 독자 여러분입니다.
  베가북스는 독자 의견에 항상 귀를 기울입니다. 베가북스의 문은 항상 열려 있습니다.
  원고 투고 또는 문의사항은 위의 이메일로 보내주시기 바랍니다.